Gute Wurst

Julius Bessel / Gerhard Quaas

Gute Wurst

aus eigener Küche

FALKEN

Im FALKEN Verlag sind zahlreiche hervorragende Kochbücher zu den verschiedensten Themen und in unterschiedlichen Ausstattungen erschienen. Fragen Sie Ihren Buchhändler.

ISBN 3 8068 0948 8

Umschlaggestaltung: Zembsch' Werkstatt, München
Titelbild und Fotos: TLC-Foto-Studio GmbH, Bocholt
Satz: Jung SatzCentrum, Lahnau
Druck: Neuwieder Verlagsgesellschaft mbH, Neuwied

817 2635 4453 62

Inhalt

Vorwort

Des Deutschen liebstes Lebensmittel ist die Wurst, und wir wollen ehrlich sein: Wer von uns kann denn schon an einer Wursttheke mit all den feinen und leckeren Sorten vorbeigehen, ohne daß ihm das Wasser im Mund zusammenläuft? Deutschland hat mit Abstand das größte Angebot, was die Sortenvielfalt und die Qualität betrifft. Etwa 1500 Wurstsorten sind nach der Zusammensetzung von Fleisch- und Fettanteil und durch die Verarbeitungsweise festgelegt, doch steigt die Zahl fast ins Unermeßliche, wenn wir an die vielen Spezialwürste denken.

Wie so viele Küchentraditionen, so hat auch die Wurstherstellung wieder einen neuen Stellenwert erhalten. Die Feinschmecker und Hobbyköche versuchen auch dieses doch etwas schwierige Thema für die eigene Küche zu erobern. Für die Zubereitung von Wurst benötigt man nämlich Zutaten, Gewürze und Arbeitsmaterialien, die nicht unbedingt in einem normalen Haushalt zu finden sind. Damit Sie es in Ihrer Wurstküche leichter haben, ist dieses Buch entstanden. Es soll als Einstieg für die ersten Versuche und als Anregung für die Profiwursthersteller unter den Hobbyköchen dienen. Die Rezepte sind so ausgewählt und beschrieben, daß auch Unerfahrene die Rezepturen leicht nachvollziehen können. Doch eines gleich vorneweg: Stellen Sie sich mit Ihrem Metzger gut, er wird Ihnen dann bestimmt bei so manchen kniffligen Dingen mit Rat und Tat zur Seite stehen. Denken wir doch nur einmal ans Räuchern oder an die Reifung der Rohwürste. Nicht überall besteht die Möglichkeit, diese Gar- und Reifeprozesse ohne Qualitätsverlust durchzuführen. Wer dann seine hausgemachte Wurst in die professionelle Räucher- und Garkammer zur Vollendung bringen kann, braucht sich um den Erfolg nicht zu sorgen. Auch Rohprodukte von bester Qualität kann ein Metzger leichter besorgen. Gerade die Qualität der Rohwurstzutaten ist ausschlaggebend für das Endprodukt. Halten Sie sich an die hier beschriebenen Arbeitsweisen und die Rezepturen, doch spielen Sie mit den Gewürzen, denn hier kommt es nicht auf die Menge, sondern auf den persönlichen Geschmack an. Doch jetzt genug der langen Worte, lassen Sie uns beginnen.

Es geht um die Wurst

Die Herstellung von Wurst ist eine alte Kunst. Schon die alten Griechen und Römer kannten einige Spezialitäten davon, wenngleich die Vielfalt bestimmt nicht so groß war wie heute. Die ersten Wurstrezepturen und Wurstmischungen, nach denen wir auch heute noch arbeiten, entstanden etwa im 12. und 13. Jahrhundert. Im Laufe der vergangenen Jahrhunderte sind immer wieder neue Sorten entstanden und andere in Vergessenheit geraten – doch einige haben die Jahrhunderte überstanden. Die Leber- und Blutwürste und auch die Bratwürste schmecken uns bestimmt so gut wie unseren Vorfahren. Wer heute in die altehrwürdige und „historische" Wurstküche zu Regensburg kommt, der kann seine Wurstspezialitäten an einem Ort essen, an dem schon Könige und Kaiser, aber auch die einfachsten Leute ihren Hunger gestillt oder sich mit Wurstspezialitäten verwöhnt haben. Dazu gibt es heute wie damals ein gut gezapftes Bier, Kraut und viele andere Köstlichkeiten.

Der deutsche Wursthimmel

Wurst ist nicht gleich Wurst. Alle Wurstsorten, die über die Ladentheke oder im Handel verkauft werden, unterliegen genauen Bestimmungen. Jedes Fleisch und alle Fleischerzeugnisse unterliegen den Rechtsvorschriften, die im Lebensmittel- und Bedarfsgegenständegesetz (LMBG), in der Fleischverordnung sowie in den Leitsätzen für Fleisch und Fleischerzeugnisse geregelt werden. Gerade diesen Voraussetzungen haben wir es als Verbraucher zu verdanken, daß nur erstklassige Lebensmittel, die gesundheitlich unbedenklich sind, auf unseren Tisch gelangen: Die Wurst darf weder verfälscht noch dürfen Stoffe in ihr enthalten sein, die das Gesetz nicht erlaubt. Durch die Kennzeichnungspflicht kann der Verbraucher feststellen, was in der gekauften Ware enthalten ist.

Von Amts wegen werden diese durch das Gesetz geregelten Anforderungen an die deutsche Wurst durch ständige Kontrollen überwacht. Auch Sie zu Hause sollten sich an die Regeln der Herstellung halten, um die gleiche Qualität und Güte zu erreichen, wie wir sie aus den Fleischerfachgeschäften oder von anderen Wurstanbietern gewohnt sind.

Rohwürste

Die Rohwürste oder Dauerwürste sind mit rund 500 verschiedenen Sorten auf dem deutschen Markt vertreten. Die bekanntesten sind die Cervelat-, die Plockwurst, die Salami oder die Teewurst. Alle Rohwürste werden aus rohem Fleisch und Speck zubereitet. Durch die Zugabe von Salz und verschiedenen Gewürzen wird die Wurstmasse ergänzt und abgerundet. Ihren charakteristischen Geschmack und das Aroma erhalten die Rohwürste aber erst durch die Reifung.

Die fertige Rohwurstmasse wird in Natur- oder Kunstdärme gefüllt und kommt zunächst in die sogenannte Reifekammer oder in einen klimatisierten Raum. Dort soll die Rohwurst bei exakt festgelegten Temperaturen, bei einer kontrollierten Luftfeuchtigkeit und -geschwindigkeit reifen. Erst dadurch bekommt sie ihren typischen Geschmack. Je nach Art der Rohwurst kann man sie anschließend in den Kaltrauch hängen oder frisch verzehren.

Diese Verarbeitungsphasen müssen alle Rohwürste durchlaufen, denn nur so wird die gute Qualität erreicht und ist die Haltbarkeit gewährleistet. Der Reifungsprozeß im eigenen Haushalt ist natürlich etwas problematisch. Früher hingen diese Würste bei den Bauern auf den dunklen Dachböden und, weil meist im Winter geschlachtet wurde, war dort auch die richtige Temperatur: nicht zu warm, aber auch nicht zu kalt. Außerdem herrschte auf dem Dachboden durch die Lüftungsschlitze oder ganz einfach durch nicht schließende Dachschindeln eine natürliche Luftbewegung. Wer heute noch die Möglichkeit hat, diese Art der Reifung im eigenen Haushalt durchzuführen, der sollte es ganz einfach ausprobieren. Die Qualität der Würste kann dabei allerdings schwanken, je nachdem, wie das Klima eines Jahres ausfällt. Um eine gleichbleibend gute, hausgemachte Rohwurst zu erhalten, gibt es zwei Möglichkeiten: entweder Sie kaufen sich ein doch sehr teures Reifungsgerät, oder Sie bitten ganz einfach Ihren Metzger, daß er Ihre Würste in seine Reifekammer hängt. In manchen Gegenden, besonders in ländlichen Gebieten, gibt es auch Gemeinschaftsreifekammern. Erkundigen Sie sich einmal danach. Dies gilt im übrigen auch für die Räucherkammern.

Grundsätzlich unterscheidet man bei Rohwürsten streichfähige und schnittfeste Sorten. Der Unterschied liegt in erster Linie in der Herstellungsweise und den verschiedenen Gewürzen und anderen aromatischen Zutaten.

Herstellung von Rohwürsten

Rohwürste bestehen meist aus Schweinefleisch und Schweinespeck. Nur wenige werden auch mit Rind-, Lamm-, Kalb- oder Wildfleisch zubereitet. Bei der Herstellung von Rohwürsten sollten Sie darauf achten, nur völlig sehnenfreies Fleisch einzusetzen, das nur kurze Zeit abgehangen ist: Bei Schweinefleisch rechnet man etwa zwei Tage, bei Rindfleisch drei Tage. Diese Zeitspanne ist notwendig, um den optimalen Säuregrad im Fleisch auszunutzen, der wiederum auf die Haltbarkeit Einfluß hat. Außerdem wird zur Rohwurstherstellung immer das Schlachtfleisch von älteren Tieren genommen, da dieses Fleisch einen niedrigeren Wassergehalt aufweist. Es hat eine größere Festigkeit und auch einen höheren Säuregrad. Bei frischem oder geräuchertem Speck sollten Sie immer den Rükkenspeck älterer Tiere bevorzugen. Er muß außerdem noch fest, das heißt, kernig und weiß sein. Damit Ihre Rohwurst gelingt, ist es wichtig, auf die Temperatur des Fleisches und ebenso auf die Raumtemperatur zu achten.

Grundsätzlich wird nur in kalten Räumen gearbeitet, in denen die Temperatur plus 12 °C nicht überschreitet. Die besten Monate zur Rohwurstherstellung sind der Dezember, der Januar und der Februar. Sollten die Temperaturen in diesen Monaten einmal höher sein, verschieben Sie lieber die Produktion oder fragen Sie Ihren Schlachter um Rat.

Bevor Sie an die Arbeit gehen, muß das Fleisch, wie bereits erwähnt, die richtige Verarbeitungstemperatur aufweisen. Das Fleisch wird dafür zuerst in das Tiefkühlfach oder in die Tiefkühltruhe gelegt und einige Stunden gefrostet. Minus 3 °C ist die richtige Temperatur, um es in grobe Würfel schneiden und durch den Wolf drehen zu können. Achten Sie darauf, daß bei der Rohwurstherstellung die Messer Ihres Fleischwolfes sehr scharf sind. Das Fleisch soll klein geschnitten und nicht zerquetscht werden. Dies gilt im übrigen auch für alle anderen Geräte, die Sie benötigen, wie Fleischmixer, Cutter oder Pürierstab.

Nach dem Zerkleinern wird die Wurstmasse mit den übrigen Zutaten vermischt und in die vorbereiteten Därme gefüllt. Achten Sie beim Füllen darauf, daß keine Luftblasen in der Wurstmasse verbleiben. Mit Hilfe eines Stopfers läßt sich dies leicht verhindern. Auch beim Abbinden darf keine Luft im Darm bleiben, denn sonst wird sie schnell schmierig und schlecht.

Falls Sie den nun folgenden Reifungsprozeß in Ihrem Haus durchführen wollen, sollten Sie auf einige wichtige Punkte achten. Nach dem Füllen werden die Würste auf Holzstöcke gehängt und in einen dunklen, kühlen und gut belüfteten Raum zum Umröten gebracht. Mit Hilfe eines Thermometers sollten Sie ständig die Raumtemperatur kontrollieren. Sie darf nicht weniger als plus 8 °C, aber auch nicht viel mehr als plus 12 °C betragen. Die optimale Luftfeuchtigkeit sollte etwa bei 80 Prozent liegen. Nach etwa 6 bis 8 Tagen ist die Wurst umgerötet und hat die typische Rohwurstfarbe, die durch die Zugabe von Nitritpökelsalz entsteht. Je nach Rezeptur kann die Wurst nun verzehrt, geräuchert oder weiter getrocknet werden.

Das Räuchern der Rohwurst sollte immer nur im Kaltrauch, das heißt bei Temperaturen zwischen 15 und 20 °C geschehen. Durch zu hohe Temperaturen kann es zum „Ersticken“ der Wurst kommen. Hierbei schmilzt das Wurstfett und verschmiert die Poren der Wursthülle. Ein Austausch von Feuchtigkeit kann dann nicht mehr stattfinden, die Wurst verdirbt. Je nach Geschmack können Sie die Rohwurst länger oder kürzer im Rauch belassen. Man rechnet jedoch im Schnitt 6 bis 8 Tage.

Die fertigen Würste können Sie jetzt an einen kühlen, dunklen und gut belüfteten Ort zum Nachreifen hängen. Je nach Belieben können Sie den Reifegrad bemessen. Je länger die Wurst reift, desto härter wird sie, weil sie immer mehr Wasser verliert.

Brühwürste

Die Brühwürste sind in unseren Landen die Gruppe mit der größten Sortenvielfalt. Mit rund 800 verschiedenen Sorten und noch mehr Geschmacksrichtungen sind sie auf unserem Markt vertreten. Bekannt sind Fleischwurst, Leberkäse, Bierschinken, Jagdwurst oder Frankfurter Würstchen. Die meisten Betriebe bieten diese Würste in den gefärbten Brühwurstdärmen an.

Bei Brühwürsten handelt es sich um Ware, die nicht geräuchert, sondern nur gebrüht wurde. Einige Sorten, wie Knackwürstchen, werden nachträglich dem Rauch ausgesetzt. Hier empfiehlt es sich, die rauchdurchlässigen Brühwurst- beziehungsweise Rohwursthüllen zu verwenden.

Brühwürste werden generell aus rohem Fleisch und Speck hergestellt, sie bleiben im Gegensatz zu den Kochwürsten auch bei nachträglichem Erhitzen schnittfest. Die Verwendung der einzelnen Fleischarten ist je nach Rezept verschieden. Die Grundzutaten sind Schweine- und Rindfleisch, sowie Lamm-, Wild- und Geflügelfleisch, Speck und natürlich Gewürze. Für die hellen Sorten, wie Gelbwurst, Weißwurst oder Kalbsbratwurst, wird ausschließlich normales Kochsalz verwendet, für die roten Sorten Pökelsalz. Grundsätzlich gilt bei der Brühwurstherstellung, daß das Fleisch gut gekühlt verarbeitet werden muß. Im Haushalt empfiehlt es sich, das Fleisch einige Stunden in das Tiefkühlfach, den Gefrierschrank oder die Tiefkühltruhe zu legen, damit es die richtige Verarbeitungstemperatur erhält.

Ebenso wichtig bei der Herstellung ist das Gerät, mit dem das Fleisch zerkleinert wird. Fachbetriebe haben für diesen Vorgang eine spezielle Maschine, den Cutter. Die private Anschaffung eines kleinen Cutters lohnt sich jedoch nur, wenn Sie wirklich größere Mengen Wurst zu Hause herstellen wollen, denn diese Geräte sind teuer. Im Haushalt muß man sich deshalb meist behelfen, um die nötigen Erfolge zu erzielen. Sie können entweder das Fleisch mehrmals durch die feine Scheibe eines Fleischwolfes drehen, um eine möglichst feine Masse zu erhalten, oder Sie bearbeiten durchgedrehtes Fleisch zusätzlich mit einem Pürierstab oder geben es in einen Mixer. Wichtig für alle diese Geräte ist, daß die Messer sehr scharf sein müssen. Die Fleischfasern sollen zerschnitten und nicht zerrissen werden. Verwenden Sie in Ihrem Haushalt nur Fleisch von bester Qualität. Jede Sehne oder jede grobe Faser wird sonst von Ihrem Gerät nicht richtig zerkleinert, und es entstehen leicht Wurstfehler.

Wichtig bei der Verarbeitung ist auch die Verwendung von Eis. Es soll sehr fein zerstoßen sein, damit es die Wurstmasse gleichmäßig abkühlt. Die niedrige Verarbeitungstemperatur ist ausschlaggebend für eine homogene Bindung. Nur so kann der Fleischteig, das heißt Fleisch und Fett, emulgieren. Achten Sie bei der Verarbeitung auch auf die Menge. Sie sollten lieber öfter kleinere Portionen bearbeiten und die verschiedenen Massen anschließend mischen, als zu große, die ein Gelingen in Frage stellen.

In den so entstandenen Fleischteig werden dann die Gewürze und, je nach Sorte, das Koch- beziehungsweise Pökelsalz eingearbeitet.

Herstellung von Brühwürsten

Brühwurst sollten Sie möglichst in kleinen Mengen herstellen, da sie frisch am besten schmeckt. Wie bereits erwähnt, wird das Fleisch in kühlem Zustand unter Zugabe von zerstoßenem Eis zum sogenannten Brät verarbeitet. Nachdem Sie diese Masse je nach Sorte gewürzt oder durch die Zugabe frischer, marinierter oder gepökelter Fleisch- oder Speckwürfel, Gemüse oder Käse verfeinert haben, wird sie in die vorbereiteten Brühwurstdärme gestopft. Achten Sie auch hier darauf, daß keine Luftblasen in der Masse sind. Die Därme werden an den Enden knapp abgebunden und in etwa 40 °C warmes Wasser gegeben. Das Ganze wird langsam erhitzt. Langsam deshalb, weil während dieses Vorgangs das Umröten der Wurst erfolgt. Hat das Wasser eine Temperatur von 75 °C erreicht, beginnt der eigentliche Brühvorgang. Diese Temperatur darf nicht überschritten werden, da die Würste sonst sehr leicht platzen. Je nach dem Durchmesser der Wurst wird die Garzeit berechnet. Eine Faustregel besagt, daß 1 Millimeter Durchmesser etwa 1 Minute Garzeit benötigt. Bei einer Wurst von 50 Millimetern Durchmesser würde die Brühzeit demnach 50 Minuten betragen. Damit Ihre Wurst auch wirklich gar ist, sollten Sie anschließend eine Toleranz-

zeit von mindestens 10 Minuten einplanen.
Sobald die Garzeit beendet ist, wird die Wurst herausgenommen und in kaltes Wasser gelegt. Füllen Sie hierfür am besten eine große Plastikwanne mit kaltem Wasser, dann haben die Würste genügend Platz, und das Wasser erwärmt sich nicht so schnell. Während der Abkühlphase sollten Sie die Wurst mehrmals drehen, um ein gleichmäßiges Abkühlen zu erreichen. Anschließend werden die Brühwürste etwa 3 bis 4 Stunden zum Trocknen aufgehängt. Die Raumtemperatur sollte dabei etwa 10 bis 12 ° C betragen. Jetzt erst ist die Brühwurst zum Verzehr fertig.
Wollen Sie eine Brühwurst herstellen, die geräuchert wird, so müssen Sie die Brätmasse zuerst in einen rauchdurchlässigen Brühwurst- beziehungsweise Rohwurstdarm füllen. Jetzt wird die Wurst im Warmrauch, das heißt bei 40 bis 45 °C, je nach Geschmack, geräuchert. Während des Räuchervorgangs wird die Wurst wiederum umgerötet. Sie wird danach sofort in 75 °C heißes Wasser gegeben und wiederum, je nach Durchmesser, nach der oben beschriebenen Faustregel gegart.

Kochwürste

Unter diesem Sammelbegriff versteht man alle Sorten, die mit gekochtem, gebratenem oder gebrühtem Fleisch sowie Speck, Schwarten und Gewürzen hergestellt werden. Bekannteste Sorten sind die Leber- beziehungsweise die Kalbsleberwurst, die Blutwurst oder Zungenrotwurst. Auch Sülzen oder Aspikwaren zählen zu den Kochwürsten.
Um die richtige Konsistenz zu erreichen, werden Leber und Blut zur Bindung verwendet. Hierbei spielt auch die Kochzeit eine ausschlaggebende Rolle. In einem alten Spruch heißt es, daß es bei uns für jeden Tag des Jahres eine andere Kochwurst gibt, also 365 verschiedene Sorten. Doch gerade in dieser Wurstgruppe gibt es eine Menge Hausmacherrezepte, die bestimmt Varianten für gut zwei Jahre Wurstgenuß liefern würden.
Man unterscheidet bei den Kochwürsten Leber-, Blut- und Sülzwürste. Es gibt allerdings auch noch einige andere Spezialitäten, die zwar Kochwürste sind, aber keiner der drei Obergruppen zugeordnet werden können. Die Kochwürste eignen sich besonders gut für das Abfüllen in Dosen. So sterilisiert, sind sie sehr lange haltbar. Besonders lecker werden die Kochwürste, wenn man sie in Naturdärme

füllt. Es werden aber im Handel auch spezielle Kochwurstdärme, sogenannte Sterilhüllen, angeboten. Falls Ihre Kochwurst nach dem Garen noch geräuchert werden soll, müssen Sie für das Abfüllen eine rauchdurchlässige Wursthülle verwenden.

Meist werden bei der Herstellung von Kochwürsten billige Materialien verarbeitet, was oft zu einer nicht optimalen Qualität führt. Sie sollten deshalb in jedem Fall gute Fleischqualität bevorzugen, um erstklassige Ergebnisse zu erzielen. Bei vielen Hausschlachtungen werden heute noch Kochwürste aus schlachtfrischem Fleisch hergestellt, das in einem großen Kessel gekocht wird. Aus diesem Ansatz wird später dann die Kesselsuppe gemacht, die bei so mancher Schlachtpartie und für viele Feinschmecker den Höhepunkt bildet.

Für Ihre kleine Hobbymetzgerei ist es empfehlenswert, beim Einkauf darauf zu achten, daß Sie möglichst frisches Fleisch bekommen. Fragen Sie in Ihrem Fleischerfachgeschäft am besten, wann der günstigste Tag dafür ist. Viele Betriebe, besonders in ländlichen Gegenden, schlachten auch heute noch selbst.

Herstellung von Kochwürsten

Es ist immer empfehlenswert, den Sud, in dem das Fleisch vorgart, gut zu würzen und dann einige Minuten kochen zu lassen. Erst dann kommen das Fleisch, der Speck oder, je nach Rezept, auch die Innereien hinein. Achten Sie besonders auf die unterschiedlichen Garzeiten der Zutaten. Das Fleisch, das verarbeitet werden soll, muß noch einen kräftigen Biß haben. Anschließend wird es je nach Bedarf durch den Fleischwolf gedreht oder geschnitten und mit den Gewürzen sowie etwas Kochbrühe, Blut oder Aspik in einer Schüssel vermischt und zur Weiterverarbeitung bereitgestellt.

Leberwurst

Bei der Leberwurst ist die Leber einer der Hauptbestandteile, wie der Name schon sagt. Die Leber wird gesäubert, geschabt oder durch die feine Scheibe des Fleischwolfes gedreht und mit der vorbereiteten Wurstmasse vermischt. Je nach Rezept wird diese Masse aus feinem oder gröber zerkleinertem Fleisch und Speck, den Gewürzen sowie etwas Kesselsuppe zu einem dickflüssigen Brei verrührt. Arbeiten Sie das Leberpüree mit den Händen gleichmäßig unter die Wurstmasse, um später auch eine gleichmäßige Bindung zu erhalten. Der Leberanteil in der Wurst sollte mindestens 25 Prozent der gesamten Wurstmasse betragen. In den meisten Rezepten wird Schweine- oder Kalbsleber verwendet, auch Rinderleber eignet sich gut. Die Wurst wird dadurch allerdings etwas dunkler und hat keinen so ausgeprägten Lebergeschmack.

Je nach Rezept kommt die Leberwurst fein zerkleinert oder mit einer gröberen Einlage gepökelt oder nicht gepökelt auf den Tisch des Hauses. Die nicht gepökelte Wurst ist leicht grau. Bei der groben Leberwurst wird zuerst eine feine Grundmasse hergestellt, die man später mit der fein gewürfelten Einlage mischt.

Sobald die Wurstmasse luftblasenfrei in die vorbereiteten Därme gefüllt worden ist, kommen die Würste in den leicht siedenden Sud. Hier verwenden Sie am besten die Brühe, in der das Fleisch vorgegart wurde. Nach einigen Minuten muß man dann die Temperatur auf etwa 80 °C senken, was am einfachsten durch Zugießen von kaltem Wasser erreicht wird. Achten Sie darauf, daß ständig eine gleichbleibende Temperatur herrscht, denn sonst kann es zu Wurstfehlern kommen, die nicht mehr zu korrigieren sind. Ähnlich wie bei den Brühwürsten hängt auch hier die Dauer der Garzeit vom Durchmesser der Würste ab. Es gilt dieselbe Faustregel: pro Millimeter Durchmesser 1 Minute garen, wobei zusätzlich noch einige Minuten längere Garzeit nicht schaden, aber eine größere Sicherheit bieten. Nach Beendigung des Garvorgangs legt man die Würste in lauwarmes Wasser, dem nach einigen Minuten kaltes Wasser zugegossen wird. Die Abkühlungsphase soll sehr schnell geschehen, wobei Sie die Würste ständig drehen müssen, damit sich das flüssige Fett gleichmäßig verteilen kann. Nach dem Erkalten hängt man die Würste dann noch 2 bis 3 Stunden zum Trocknen auf oder legt sie auf ein Holzbrett. Die Leberwurst kann auch geräuchert oder in Dosen gefüllt werden.

Blutwurst

Wie bei der Leberwurst werden auch bei der Blutwurst das Fleisch, der Speck und eventuell die Innereien zunächst bißfest gekocht. Je nach Rezept wird die ganze Masse oder nur ein Teil durch den Fleischwolf gedreht. Die Einlage besteht meist aus Fleisch und/oder Speckwürfeln.

Die Grundmasse mischt man anschließend mit frischem, leicht angewärmtem Blut und Gewürzen

Farbtafel 1:
Feine Fleischwurst (Rezept S. 37)

und arbeitet alles mit den Händen gut durch. Zur Blutwurstherstellung sollten Sie frisches Schweineblut verwenden. Füllen Sie dann die Wurstmasse in die entsprechenden Därme, beachten Sie jedoch dabei, daß die Masse nicht gestopft wird. Blutwurst dehnt sich im Gegensatz zur Leberwurst mehr aus und kann dann den Darm zum Platzen bringen. Die Würste kommen anschließend, wie bei der Leberwurstherstellung beschrieben, in siedendes Wasser und werden bei einer konstanten Temperatur von 80 bis 85 °C gegart. Nach dem Garen werden auch die Blutwürste in kaltem Wasser abgekühlt.

Sülzwurst

Diese Wurstsorte findet man in erster Linie in den Hausmacherrezepten und in vielen regionalen Spezialitäten, wo sie vorwiegend aus Kopffleisch und Fleisch vom Eisbein hergestellt wird. Doch es gibt auch viele Zubereitungen aus qualitativ hochwertigerem und magerem Fleisch. In dieser Form haben Sülzwürste sogar einen Platz in der Diätküche gefunden.

Der Unterschied in der Zubereitung im Vergleich zu den bereits beschriebenen Wurstsorten ist, daß nicht nur die Schwarte den Geliervorgang beeinflußt, sondern Aspik oder Gelatine daran mitwirkt. Bei den Sülzwürsten können Sie sowohl gepökelte als auch ungepökelte Ware verarbeiten. Zur Geschmacksergänzung verwendet man auch sehr gerne verschiedene Gemüse- und Pilzsorten und natürlich eine große Anzahl von Gewürzen.

Auch die Sülzwürste werden nach dem Füllen wie andere Kochwürste gegart und ebenso zum Erkalten in Wasser gelegt. Sobald sie vollständig erkaltet sind, kann man sie gut schneiden und zum weiteren Verzehr bereitstellen.

Schinken

Der Schinken ist eines der wertvollsten Stücke, die wir in unserer Wurstküche kennen. Der Metzger versteht unter diesem Begriff das frische Fleisch aus der Keule wie auch das, was man aus frischem Fleisch herstellt, nämlich den rohen, gekochten oder geräucherten Schinken. Wie bei den vielen Wurstrezepten, so kennen wir auch bei Schinken eine Vielzahl von regionalen sowie landesbezogenen Spezialitäten.

Farbtafel 2:
oben: Frische Mettwurst (Rezept S. 28), Mitte: Thüringer Rostbratwürstchen (Rezept S. 31), unten: Teewurst Rügenwälder Art (Rezept S. 34)

Herstellung von Schinken

Bevor Sie mit der Schinkenzubereitung beginnen, sollten Sie zuerst das richtige Fleisch auswählen. Versuchen Sie, in Ihrem Fleischerfachgeschäft möglichst ganz schlachtfrisches Fleisch von erstklassiger Qualität zu bekommen. Es sollte Fleisch mit einem niedrigen Wassergehalt sein. Ihr Fleischer wird Sie dabei sicher beraten. Geeignete Fleischstücke sind der Kamm oder der Nacken, der ganze Schinken oder Teile daraus, wie die Oberschale, die Nuß, der Schinkenspeck oder das Schinkenstück.

Je nach Art des Schinkens und des Rezeptes können Sie Fleischteile vom Schwein, Rind oder vom Lamm beziehungsweise Hammel wie auch vom Reh, Hirsch oder Wildschwein verwenden. Wenn Sie die Wahl getroffen haben, das Fleisch auf etwa 1-Kilogramm-Stücke zugeschnitten und gut durchgekühlt ist, gibt es zwei Wege der Weiterverarbeitung: entweder Sie unterziehen das Stück einer Trocken- oder einer Naßpökelung.

Das Pökeln (siehe Seite 26) ist beim Schinken das A und O und gibt ihm seine charakteristische rote Farbe. Außerdem ist es entscheidend für seine Haltbarkeit. Nach etwa 5 bis 7 Tagen ist der Pökelvorgang bei einem 1-Kilogramm-Stück abgeschlossen. Je nach Salzgehalt oder Lake kann man den Schinken dann 1 bis 2 Stunden wässern. Auf jeden Fall sollten Sie ihn aber mit heißem Wasser abbürsten. Nun kann das Schinkenstück mit einem Aufhänger und einem Anhänger versehen räuchern, lufttrocknen oder kochen.

Eine weitere Spezialität ist der sogenannte Backofenschinken, der nach dem Pökeln im Backofen gegart wird. Je nach Geschmack kann man auch diesen Schinken vorher kurz räuchern.

Je nach Räucher- beziehungsweise Trockendauer ist ein Backofenschinken mehrere Monate haltbar. Dabei sollte die Lagertemperatur bei 10 °C liegen und die Luftfeuchtigkeit einen Wert von 80 Prozent nicht wesentlich unter- oder überschreiten. Der Lagerraum muß dunkel und luftig, darf aber nicht zugig sein.

Damit die Wurst gelingt

Das richtige Handwerkszeug

Wenn die Wurst aus eigener Küche optimal gelingen soll, sind einige Geräte notwendig, die zudem die Arbeit erleichtern. Es ist selbstverständlich, daß diese alle in einwandfreiem Zustand und hygienisch sauber sein müssen.
Das wichtigste Gerät in Ihrer Küche ist der Fleischwolf. Nur wer vorhat, große Mengen Wurst für den Eigenbedarf herzustellen, sollte die Anschaffung eines Cutters in Erwägung ziehen. Mit ein bißchen Glück kann man auch einen gebrauchten erwerben. Wenn wir hier vom Fleischwolf reden, so kann dies ein Handwolf sein oder aber ein Aufsatz für eine Küchenmaschine. Beide Geräte dürfen nicht allzu klein sein (DIN Nr. 7 oder DIN Nr. 8), denn auch kleine Mengen an Fleisch sollten doch verhältnismäßig schnell und korrekt gewolft werden können. Beide Geräte sollten mit exakt schneidenden und scharfen Messern ausgerüstet sein, um die Qualität der Fleischmasse zu garantieren. Des weiteren sind für die Wurstherstellung verschiedene Lochscheiben nötig. Je nach Gerätetyp werden hierfür schon einige unterschiedliche Größen mitgeliefert. Auf jeden Fall sollten Sie in Ihrer Wurstküche über die Größen 3 bis 4, 5 bis 6 und 8 bis 9 Millimeter verfügen.
Ein weiteres wichtiges Zusatzgerät ist der Füllaufsatz. Fast zu allen Küchenmaschinen, die der Handel anbietet, gibt es Aufsätze, die wir in der Wurstküche zum Füllen der Därme benötigen. Der Füllaufsatz selbst ist etwa 15 Zentimeter lang und besitzt je nach Typ 2 bis 4 Füllrohre mit verschiedenem Durchmesser. Die kleinen Füllrohre mit einem Durchmesser von etwa 20 Millimetern eignen sich zum Füllen von Brat- und Bockwürsten, die größeren mit 30 Millimeter Durchmesser sind zum Füllen der größeren Darmkaliber notwendig.
Um ein sehr feines Brät zu erhalten, ist normalerweise ein Cutter, wie er in den Fleischerfachbetrieben Verwendung findet, nötig. Für kleinere Mengen reicht aber auch ein Fleischmixer oder ein Pürierstab. Je nach Gerätetyp, beziehungsweise Hersteller, gibt es die Mixer in verschiedenen Größen und Ausstattungen. Geben Sie immer kleine Mengen gewolftes Fleisch in das Gerät und fügen Sie dann fein zerstoßenes Eis hinzu. Mit mittlerer Geschwindigkeit

kann nun dieses Gemisch zu einer homogenen Masse verarbeitet werden. Dieser Zerkleinerungsvorgang sollte möglichst schnell geschehen, damit das Fleisch nicht zu warm wird, denn die Hitze zerstört leicht die Bindung.

In Ihrer Wurstküche benötigen Sie auf jeden Fall einige scharfe Arbeitsmesser, die zwei Grundbedingungen erfüllen müssen: Zum einen sollten sie elastisch sein, damit sie nicht bei seitlicher Belastung abspringen, und zum anderen müssen sie den Schnitt halten. Diese Anforderungen an ein Messer setzen einen guten Stahl voraus, was bedeutet, daß sie nicht ganz billig sind. Sie benötigen ein Ausbeinmesser, ein mittelgroßes Kochmesser, ein Schlagmesser und ein kleines Küchenbeil. Für den laufenden Gebrauch werden die Messer mit einem Wetzstahl geschliffen. Bekommen die Klingen dadurch keine Schärfe, müssen Sie das Messer mit einem Schleifstein abziehen. Ob Sie sich für Kunststoff- oder Holzgriffe entscheiden, bleibt Ihrem persönlichen Geschmack überlassen. Wichtig ist, daß Ihnen das Messer gut in der Hand liegt und Sie optimal mit ihm arbeiten können. Achten Sie darauf, daß Sie beim Auslösen von Knochen das Messer immer vom Körper weg oder seitlich vorbeiführen, so vermeiden Sie böse Unfälle. Sie sollten niemals einem fallenden Messer nachgreifen. Ein gutes Messer hält den Aufprall schon aus. Ein Griff in die scharfe Klinge dagegen kann schlimme Folgen haben.

Beim Arbeiten soll die Messerhand immer gut abgetrocknet sein. Nur so haben Sie den richtigen Halt. Für Profis unter den Hobbyfleischern ist es sogar empfehlenswert, beim Auslösen sogenannte Kettenhandschuhe zu tragen. Sie schützen die Hand vor Verletzungen.

Wer sehr viel wurstet und mit angefrorenem beziehungsweise gefrorenem Fleisch arbeitet, benötigt ein Gefriermesser. Durch die sogenannten Kuhlen arbeitet es wie eine Säge. Normale Messer werden beim Schneiden von gefrorenem Fleisch sehr schnell stumpf und verlieren den Schliff.

Neben den Messern ist natürlich auch ein gutes Schneidebrett wichtig. Diese Bretter sollten aus Kunststoff sein, da sie nur so den Hygienevorschriften genügen. Sie sollten mindestens 3 bis 4 Zentimeter dick und ausreichend groß sein. Die Bretter müssen für die Arbeit fest auf dem Tisch liegen. Haben sie keine Saugnäpfe, so können Sie sich mit einem dünnen, feuchten Küchentuch behelfen, das Sie ganz einfach unter das Brett legen.

Für Ihre Arbeit benötigen Sie des weiteren einen großen Topf oder Kessel zum Fleischkochen, 1 bis 2

kleine Töpfchen oder eine Pfanne zum Anschwenken von Gemüse oder Zwiebeln sowie eine große Schüssel zum Würzen und Vermischen der Wurstmasse.
Als kleine Küchenhilfen haben sich Schaumkelle und Löffel sowie Gemüsemesser, Fleischgabeln, ein größeres Sieb, eine Allzweckküchenschere und ein Meßbecher bewährt.

Därme

Die Wursthüllen sind fast ebenso wichtig wie die Auswahl des Fleisches. Je nach Wurstart und ihrer Zubereitungsart wird der richtige Darm beziehungsweise die Hülle ausgewählt.
Wir unterscheiden Naturdärme und Kunstdärme. Die Naturdärme werden in unserer Wurstküche nur für solche Wurstsorten verwendet, bei denen später auch die Haut mitgegessen werden soll. Für die Herstellung von Leber- und Blutwürsten, für Bratwürste und Wiener Würstchen oder für alle Grillwürstchen verwendet man die Schweinedünndärme. Schweinedünndärme sind, wie der Name schon sagt, gründlich gesäuberte Stücke des Dünndarms von Schweinen. Es gibt diese dünnen Därme auch vom Rind und von Schafen. Diese Därme werden eingesalzen oder in Salzlösung eingelegt und sind so in Dosen oder vakuumverpackt auf dem Markt erhältlich.
Kunstdärme sind industriell angefertigte Wursthüllen. Es gibt sie als Hautfaserdärme, Zellophandärme oder gänzlich aus Kunststoff. Achten Sie beim Einkauf der Därme immer auf ihren Durchmesser (Kaliber), denn er ist ausschlaggebend für die Wurstgröße und somit für die Gar-, Räucher- oder Trockenzeit. Nach meiner Erfahrung ist es ratsam, nur zwei verschiedene Größen zu verwenden: für alle kleinen Sorten das Kaliber 26 bis 28 Millimeter, und für die größeren Sorten das Kaliber 50 Millimeter.
Für Ihre Brüh-, Roh- und Kochwürste empfiehlt es sich, Naturfaserdärme zu verwenden. Diese Hüllen sind für alle Gar- und Räucherprozesse gleichermaßen geeignet. Wer später einmal in umfangreichere Eigenproduktion einsteigt, der kann sich, um ein unterschiedliches Erscheinungsbild zu erzielen, die verschiedenen Kunsthüllen besorgen, die speziell für Brühwürste und für Kochwürste hergestellt werden.

Wichtige Zubereitungsschritte

Füllen

Bevor Sie mit dem Füllen der Därme beginnen, müssen Sie die Anweisungen für die richtige Vorbereitung beachten. Grundsätzlich werden die Schweinedünndärme etwa 1½ bis 2 Stunden in lauwarmes Wasser gelegt und gewässert. Nachdem Sie das Wasser gut aus diesen Hüllen ausgestreift haben, können Sie den Darm auf den Füllaufsatz ziehen. Am leichtesten geht dies, wenn Sie das Füllrohr mit etwas Schmalz oder Öl einstreichen. Jetzt wird das Füllgut gleichmäßig durch den Wolf gedreht und in die Därme gepreßt. Achten Sie beim Abfüllen darauf, daß keine Luftblasen entstehen. Ideal ist es, wenn bei diesem Füllvorgang zwei Personen beteiligt sind: eine füllt den Fleischwolf, die andere zieht den gefüllten Darm vorsichtig vom Füllaufsatz.
Nach dem Füllen werden die Würste abgedreht. Je nach gewünschter Länge wird die Wurst jeweils nach 5 bis 15 Zentimetern mit Daumen und Zeigefinger abgedrückt. Anschließend dreht man die Wurst mehrmals um die eigene Achse, die nächste Wurst dann entgegengesetzt. Kunstdärme werden nach dem Wässern und Füllen mit einer Wurstschnur abgebunden und zur weiteren Verarbeitung bereitgestellt. Selbstverständlich müssen diese Kunsthüllen, ebenso wie Naturdärme, gut ausgestreift sowie luft- und blasenfrei gefüllt werden. Mit etwas Übung und Geschick können Sie die großkalibrigen Därme auf den großen Füllstutzen ziehen. Die Hüllen müssen vollständig auf dem Stutzen sitzen. Je kräftiger Sie die Hüllen nun mit beiden Händen auf diesen Stutzen pressen, um so fester wird das Wurstbrät in die Hülle gepreßt. Das Abfüllen allerdings kann nur mit einer Hilfe geschehen, denn beides zusammen, füllen und festhalten, geht nicht.
Diese Füllmethoden, die ich Ihnen beschrieben habe, sind für feste Wurstmassen. Flüssigere Wurstmassen werden mit Hilfe eines speziellen Handfülltrichters eingefüllt. Mit etwas Geschick und vor allem bei kleineren Mengen können Sie die Masse auch in einen normalen Trichter schöpfen und in den Darm laufen lassen. Hierfür wird das untere Ende des Darms gut verschlossen. Durch das Zusammenschieben der Masse wird dann der Inhalt gepreßt, die Luft kann entweichen und der Durchmesser reguliert werden. Beim Füllen von größeren Kalibern wird ein Trichter mit großem Loch in die Wursthülle gesteckt. Achten Sie darauf, daß das untere Ende auch

wirklich vollständig abgebunden ist. Wiederum muß man Wursthülle und Trichter mit beiden Händen festhalten. Ein Helfer schöpft nun die flüssige Wurstmasse in den Trichter. Ist die Wursthülle bis auf einen etwa 6 bis 8 Zentimeter breiten Rand gefüllt, wird dieser abgedreht und mit einer Wurstschnur abgebunden.

Eindosen

Bis heute gelten eingedoste Wurst und Wurstwaren als Delikatesse, wenngleich man das Eindosen in früherer Zeit aus anderen Beweggründen heraus tat. Heute ist es in erster Linie eine Geschmackssache, denn durch das Eindosen entsteht eine Wurst von besonderem Aroma.

Zum Eindosen eignen sich alle Wurstmassen, die wir aus der Zubereitung von Brüh- beziehungsweise Kochwürsten kennen. Selbst Rohwurstmassen können in der Dose gegart werden, wenngleich ein Trocknen oder Räuchern hier nicht möglich ist.

Generell werden die Dosen oder Gläser in kochendes Wasser gelegt, bevor man sie füllt. Anschließend sollte man sie auf ein mit einem sauberen Küchentuch abgedecktes Gitter setzen, mit der offenen Seite nach unten. So kann die Dose kurz ablaufen und austrocknen. Erst jetzt werden sie mit Hilfe eines Handtrichters gefüllt. Im Haushalt sollten Sie je nach Bedarf die 125-, 250- oder die 400-Gramm-Dosen oder -Gläser bevorzugen. Füllen Sie die Dosen (Gläser) immer nur bis zu zwei Dritteln, da sich die Wurstmasse eventuell noch ausdehnt. Achten Sie darauf, daß der Rand peinlichst sauber ist, denn nur so bleibt die Dose (das Glas) beim Sterilisieren geschlossen und der Inhalt haltbar. Jetzt wird der Deckel auf die Dose (Glas) gesetzt und verschlossen. Dies kann durch einen Schraubverschluß, durch einen Gummiring mit einer Spange oder, wie es die Profis machen, auch mit Hilfe einer Dosenschließmaschine geschehen. Falls Sie öfter und verschiedene Wurstsorten eindosen, ist es ratsam, die Dosen (Gläser) mit einem wasserfesten Filzschreiber zu beschriften. Erst jetzt kommen sie in den Sterilisiertopf. Von dem Zeitpunkt ausgehend, an dem das Wasser zu sprudeln beginnt, berechnet man den Anfang der Koch- beziehungsweise Sterilisierzeit. Geben Sie je nach Menge etwas Salz ins Wasser, denn dadurch wird die Gartemperatur leicht erhöht. 400-Gramm-Dosen (-Gläser) mit gekochten Füllungen benötigen etwa 90 bis 100 Minuten, Dosen mit roher Füllung 120 bis 130 Minuten. Die 125-Gramm-Dosen benötigen 25 bis 30

Minuten und 30 bis 40 Minuten für rohe Produkte. Bei 250-Gramm-Dosen sterilisiert man mit gekochtem Gut 45 bis 50 Minuten und mit rohem 60 bis 70 Minuten.
Sie sollten immer einen Einsatz in den Topf legen, damit die Dosen (Gläser) nicht direkt mit dem Topfboden in Berührung kommen. Nach der Sterilisierzeit gibt man die Dosen (Gläser) zuerst in lauwarmes Wasser und läßt nach und nach kaltes Wasser dazulaufen. Während des Abkühlens müssen die Dosen (Gläser) vorsichtig bewegt und umgedreht werden, damit sich das Fett gleichmäßig verteilen kann. Nach dem Abkühlen werden die Dosen an einem kühlen dunklen Ort aufbewahrt.
Fachgerecht sterilisierte Wurstdosen (-gläser) können zwei und mehr Jahre haltbar bleiben. Ist der Sterilisiervorgang nicht richtig durchgeführt worden, kommt es zu sogenannten Bombagen. Die in der Dose verbliebenen Bakterien produzieren Kohlendioxid. Es entsteht ein starker Druck in der Dose, der diese sogar zum explodieren bringen kann. Schon beim geringsten Anzeichen, daß sich der Deckel der Dose wölbt, sollten Sie diese Dose samt Inhalt wegwerfen. Also Vorsicht bei der Verarbeitung, nur peinliche Sauberkeit und erstklassige Fleischqualität garantieren auch ein erstklassiges und lagerfähiges Produkt.

Räuchern

Der heutige Trend zum Ursprünglichen mag einem echten Bedürfnis entsprechen oder ganz einfach nur eine Modeerscheinung sein. Doch in einem Punkt sind sich alle einig, und das ist der gute Geschmack. Kein Lebensmittel wird sorgfältiger behandelt als das, was man in der eigenen Küche zubereitet. Sie wissen, welche Rohstoffe und Zutaten verwendet wurden und wie es vor- und zubereitet ist. Mit recht geringem Arbeitsaufwand lassen sich Ergebnisse erzielen, die an Qualität und Geschmack die Fertigprodukte weit übertreffen.
Früher war das Räuchern eine richtige Art der Konservierung. In unserer modernen Küche wird es hauptsächlich aus Geschmacksgründen angewendet.
Die wichtigste Voraussetzung für ein erstklassiges Räuchergut ist frisches Fleisch von erstklassiger Qualität, das einen geringen Wassergehalt aufweist. Es darf mit keinerlei Keimen in Berührung gekommen sein, die den Geschmack beeinträchtigen oder gar einen Verderb verursachen. Fragen Sie in Ihrem Fleischerfachgeschäft nach schlachtfrischem Schweine- oder Rindfleisch. Hier wird man Ihnen sicher sagen, zu welcher Zeit Sie es bekommen können. Beim Einkauf sollten Sie immer

Stücke auswählen, die leicht mit Fettäderchen durchzogen sind. Suchen Sie für die Herstellung von Schinken immer ganze Stücke von mindestens 800 bis 1000 Gramm Gewicht aus.

Beim Räuchern unterscheidet man zwei grundsätzlich verschiedene Vorgehensweisen: die Kalträucherung und die Heißräucherung. Bei beiden Arten beruht die konservierende Wirkung auf dem Entzug von Wasser. Je nach Intensität und Länge des Räuchervorgangs werden dem Räuchergut 10 bis 40 Prozent des ursprünglichen Wassers entzogen. Durch die verschiedenen Schwelstoffe, die im Rauch enthalten sind, wird eine Veränderung des Eiweißes herbeigeführt, die ebenso konservierend wirkt. Außerdem geben natürlich diese Schwelstoffe wie Phenol, Essig- und Ameisensäure, Holzgeist, Kresol und Aceton und viele andere Aromaträger dem Räuchergut den unvergleichlichen Geschmack.

Beim Kalträuchern ist eine richtige Räucherkammer wichtigste Voraussetzung. Es ist heute fast nicht mehr möglich, diese Art des Räucherns im Haushalt zu praktizieren, da die meisten Öfen mit Öl, Gas oder mit Kohle beheizt werden. Nur noch in wenigen Bauernhäusern gibt es einen extra angelegten Räucherkamin, in dem wirklich nur mit Holz geheizt wird. Je nach Dicke der Fleischstücke muß man dann den Ofen 3 bis 5 Wochen schüren. Die Temperatur am Fleisch selbst soll zwischen 17 und 22 °C liegen.

Schneller und einfacher für den Hobbywursthersteller ist dagegen die Heißräucherung. In wenigen Stunden wird das Fleisch bei 30 bis 50 °C geräuchert. Da bei diesem Räuchervorgang das Garstadium genau überprüft werden kann, bleibt das Fleisch meist saftiger. Durch vielerlei Gewürze kann hier der Geschmack direkt beeinflußt werden, was bei der Kalträucherung aufgrund der langen Gardauer nicht immer möglich ist. Verwenden Sie für Ihren Räucherofen vorzugsweise Buchen-, Eichen-, Erlen- oder Wacholderholz. Weniger geeignet sind Fichte oder Kiefer. Wer seinem Räuchergut ein ganz besonderes Aroma geben will, sollte Obstbaumholz von Apfel, Birne oder Kirsche verwenden. Falls Sie nicht in der Lage sind, Ihre hausgemachten Wurstspezialitäten selbst zu räuchern, sollten Sie ganz einfach Ihren Metzger fragen, ob er Ihr Stück mit in seine Räucherkammer hängt.

Salzen

Bei den meisten Räucherwaren geht dem direkten Räuchern ein wichtiger geschmackgebender Prozeß voraus: das Salzen, Pökeln oder Marinieren. Das Einsalzen, eine alte Methode der Haltbarmachung, wird meist bei Speck angewendet. Es beruht auf dem Wasserentzug. Im austretenden Fleischwasser löst sich das Salz und dringt seinerseits in die Fleischfasern ein. Dadurch wird die Löslichkeit von Sauerstoff im Wasser vermindert und Bakterien der Nährboden entzogen. Verwenden Sie zum Einsalzen normales Kochsalz. Nachdem die Fleischteile kräftig eingerieben wurden – man rechnet auf 1 Kilogramm etwa 50 Gramm Salz –, wird das Stück an einem dunklen, kühlen und luftigen Ort zum Trocknen aufgehängt. Nach etwa 10 bis 12 Tagen kann man das Stück räuchern. Das Fleisch wird mit einem sauberen Küchentuch abgetupft und in die Räucherkammer gehängt.

Pökeln

Beim Pökeln handelt es sich um eine besondere Art des Konservierens. Zum Pökeln verwendet man Salpeter und Salz oder Nitritpökelsalz, das aus Kochsalz und 0,5 bis 0,6 Prozent Natriumnitrit besteht. Dieses Pökelsalz beschleunigt den Pökelvorgang, da das Salpeter nicht erst zu Nitrit abgebaut werden muß.

Der Pökelvorgang führt außer zu einer dauerhaften hitzebeständigen Rotfärbung des Fleisches zu einer Aromabildung. Durch verschiedene Würzmischungen lassen sich so die unterschiedlichsten Geschmacksrichtungen erzielen.

Nach Art der Pökelung unterscheiden wir Trocken- und Naßpökelung. Bei der Trockenpökelung wird das Fleisch zuerst mit einem Gemisch aus Salz und Salpeter oder mit Nitritpökelsalz kräftig eingerieben. Anschließend wird es in Pökelfässer oder in Steinguttöpfe geschichtet. Je nach Geschmack können Sie nun getrocknete Lorbeerblätter, Pfefferkörner, Wacholderbeeren, Anis oder sogar Zimt dazugeben. Nach 5 bis 7 Tagen ist der Pökelvorgang beendet, und das Fleisch kann geräuchert werden.

Für die Naßpökelung werden Salz und Salpeter in Wasser gelöst. Mit Gewürzen aromatisiert ergibt diese Lake die nötige Basis für einen erstklassigen Geschmack. Diese Art ist auch für den Haushalt ideal. Durch die Zugabe von Pökelsalz können Sie den Salzgehalt im Fleisch regulieren. Je mehr Pökelsalz Sie für Ihren Sud verwenden, um so salziger wird anschließend auch Ihr Schinken. Nach etwa 4 bis 6 Tagen ist auch dieser Pökelvorgang beendet. Achten Sie aber beim Ansatz der Lake auf peinlichste Sauberkeit. Ideal ist es, wenn Sie die Lake vorher aufkochen, vollständig erkalten lassen und erst dann das Fleisch einlegen. Die genaue Vorgehensweise ist in den Rezepten beschrieben.

Marinieren

Eine weitere Geschmacksübertragung erzielt man durch das Marinieren. Diese spezielle Behandlung wird hauptsächlich bei feinen zarten Filetstücken vom Schwein, Rind oder Kalb, bei Wildfilets, Hähnchenbrustfilets oder Wildgeflügelbrüstchen eingesetzt. Man verwendet hierfür leichte Rotwein-, Weißwein-, Buttermilch- oder Kräuterölbeizen, damit das Fleisch das Aroma sehr schonend aufnehmen kann. Auch hier können Sie etwas Pökelsalz verwenden. Die Fleischteile sollten aber nicht länger als 2 bis 3 Tage in der Marinade liegen. Sie können diese Stücke ebenfalls sofort zum weiteren Verzehr verarbeiten oder in die Räucherkammer zum Räuchern hängen.

Im folgenden Rezeptteil sind alle Mengen für einen 4-Personen-Haushalt angegeben.

Rezepte für Rohwürste

Frische Mettwurst

- 2,5 kg mageres Schweinefleisch
- 1,8 kg Schweinebauch
- 110 g Pökelsalz
- 3 EL weißer Pfeffer
- 1 EL Piment
- 1 EL Kümmelpulver
- 1 TL Muskatnuß
- 3 EL geriebene Schale einer unbehandelten Zitrone
- 3 zerdrückte Knoblauchzehen
- Salz nach Belieben

1. Das Schweinefleisch und den Schweinebauch in grobe Würfel schneiden und durch die feine Scheibe des Fleischwolfes drehen.

2. Das Pökelsalz gut unter die Wurstmasse arbeiten. Diese mit den Gewürzen kräftig abschmekken und mit Salz abrunden.

3. Das Brät in Därme von mittelgroßem Kaliber füllen.

4. Die Würste in einen bis 20 °C warmen Raum hängen und 1 Tag umröten lassen.

5. Anschließend an einem kühlen Ort einen weiteren Tag zum Reifen aufhängen und erst dann zum weiteren Verzehr bereitstellen.

(Farbtafel 2, siehe Seite 17)

Variation

Aus der Wurstgrundmasse der frischen Mettwurst können Sie leicht eine köstliche **Zwiebelmettwurst** herstellen. Bereiten Sie die Wurstmasse wie in dem vorhergehenden Rezept beschrieben vor. Nun werden 2 Gemüsezwiebeln in feine Würfel geschnitten und in 2 Eßlöffeln Schweineschmalz goldbraun geröstet.

Die Zwiebeln mischt man zusammen mit 3 Eßlöffeln weißem Pfeffer, 2 Eßlöffeln Majoran, 1 Eßlöffel Piment und jeweils 1 Teelöffel Muskatnuß und Thymian gut unter die Wurstmasse.

Zuletzt werden 2 Bund Petersilie fein gehackt, untergezogen und das Brät mit Salz abgerundet. Die weitere Reifung der Würste erfolgt wie für die frischen Mettwürste beschrieben.

Geräucherte Mettwurst

- 2 kg mageres Schweinefleisch
- 3 kg fettes Schweinefleisch
- 125 g Pökelsalz
- 4 EL schwarzer Pfeffer
- 2 EL geschrotete schwarze Pfefferkörner
- 2 EL Piment
- 1 EL Muskatnuß
- 4 EL geriebene Schale einer unbehandelten Zitrone
- 1 Tasse mittelscharfer Senf
- 1 Tasse fein geriebener Meerrettich
- Salz nach Belieben

1. Das magere und das fette Schweinefleisch in Würfel schneiden und mindestens 4 Stunden in der Tiefkühltruhe frosten.

2. Das Fleisch herausnehmen und durch die feine Scheibe des Fleischwolfes drehen.

3. Das Pökelsalz zu der Fleischmasse geben und alles gut miteinander mischen.

4. Die Wurstmasse mit den Gewürzen, dem Senf und dem Meerrettich kräftig abschmecken und mit Salz abrunden.

5. Das Brät in Därme von mittlerem Kaliber füllen.

6. Die Würste im Kaltrauch so lange räuchern, bis sie die gewünschte Farbe erreicht haben.

VARIATION

Auch die Wurstgrundmasse der geräucherten Mettwürste können Sie nach Belieben variieren. Ich empfehle Ihnen, einmal **Kräutermettwürste** zuzubereiten. Würzen Sie dafür die Wurstgrundmasse mit 4 Eßlöffeln weißem Pfeffer, jeweils 1 Eßlöffel Piment, Muskatnuß und gemahlenem Rosmarin, 4 Eßlöffeln Majoran, 2 Eßlöffeln Thymian sowie einigen Tropfen Pfeffersoße und ½ Tasse Weinbrand. Zuletzt werden 2 Bund Petersilie verlesen, fein gehackt und unter das Brät gezogen, das man dann nach Belieben mit Salz abrundet. Die weitere Fertigstellung der Kräutermettwürste erfolgt nach den Anweisungen für die geräucherten Mettwürste.

Harzer Mettwurst

- 2 kg durchwachsenes Rindfleisch
- 3 kg fettes Schweinefleisch ohne Schwarte
- 125 g Pökelsalz
- 4–5 EL weißer Pfeffer
- 2 EL Piment
- 1 EL Muskatnuß
- 2 EL Kümmelpulver
- 2 EL Rosmarinpulver
- 1 EL Korianderpulver
- 4 zerdrückte Knoblauchzehen
- Salz nach Belieben

1. Das Rindfleisch und das Schweinefleisch in grobe Würfel schneiden und mindestens 4 Stunden in der Tiefkühltruhe frosten.

2. Das Fleisch herausnehmen und durch die feine Scheibe des Fleischwolfes drehen.

3. Das Pökelsalz zum Fleisch geben, alles gut vermischen und im Mixer oder mit dem Pürierstab zu einer sehr homogenen Masse verarbeiten.

4. Die Wurstmasse mit den Gewürzen kräftig abschmecken und mit Salz abrunden.

5. Das Brät in Därme von kleinerem Kaliber füllen.

6. Die Würste im Räucherofen bei etwa 20 °C so lange räuchern, bis sie die gewünschte Farbe bekommen haben.

Variation

Stellen Sie aus dem Fleisch und dem Pökelsalz, wie in dem Rezept für die Harzer Mettwurst beschrieben, eine Wurstgrundmasse her, verarbeiten Sie sie jedoch zu **Pfefferwürstchen**. Dazu würzen Sie das Brät mit jeweils 4 Eßlöffeln weißem Pfeffer und edelsüßem Paprikapulver, 2 Eßlöffeln Piment, 1 Eßlöffel Muskatnuß und 1 Teelöffel Cayennepfeffer. Zuletzt werden 100 g grüne Pfefferkörner und 2 Bund fein gehackte Petersilie untergezogen. Das ganze rundet man mit Salz ab. Die weitere Fertigstellung der Pfefferwürstchen erfolgt nach den Anweisungen für die Harzer Mettwurst.

Thüringer Rostbratwürstchen

3 kg gut durchwachsene Schweineschulter
75 g Kochsalz
2–3 EL weißer Pfeffer
1 EL Piment
1 TL Cayennepfeffer
1 EL Kümmelpulver
2 EL Majoran
1 EL Thymian
1 EL Rosmarinpulver
4 zerdrückte Knoblauchzehen
3 EL geriebene Schale einer unbehandelten Zitrone
4 Eier
100 g Semmelbrösel
2 Bund Petersilie, fein gehackt
½ Tasse Weinbrand
Salz nach Belieben

1. Das Schweinefleisch in grobe Würfel schneiden und mindestens 4 Stunden in der Tiefkühltruhe frosten lassen.
2. Das Fleisch herausnehmen und durch die feine oder mittlere Scheibe des Fleischwolfes drehen.
3. Das Kochsalz zur Fleischmasse geben und alles gut miteinander mischen.
4. Die Wurstmasse mit den Gewürzen, der Zitronenschale, den Eiern, den Semmelbröseln, der Petersilie und dem Weinbrand gut vermischen und mit etwas Salz abrunden.
(Farbtafel 2, siehe Seite 17)
5. Das Brät in dünne Würstchendärme füllen. Die Würstchen frisch zur weiteren Verwendung bereitstellen.

Variation

Eine der zahlreichen Varianten zu diesem Rezept sind die **Tiroler Bratwürstchen**. Für ihre Zubereitung wird die Wurstgrundmasse der Thüringer Rostbratwürstchen mit 2 bis 3 Eßlöffeln weißem Pfeffer, 2 Eßlöffeln Oregano, jeweils 1 Eßlöffel Piment, Basilikum und Rosmarinpulver, 1 Teelöffel Muskatnuß und 100 g grünen Pfefferkörnern gewürzt. Wie bei den Rostbratwürstchen wird das Brät mit 4 Eiern, 100 g Semmelbröseln und 2 Bund fein gehackter Petersilie vermischt und mit Salz abgerundet. Die weitere Fertigstellung entspricht der der Rostbratwürstchen.

Hausmacher Cervelat

1,2 kg mageres Rindfleisch
900 g mageres Schweinefleisch
900 g fetter Speck ohne Schwarte
75 g Pökelsalz
2–3 EL schwarzer Pfeffer
1 EL Piment
1 TL Muskatnuß
1 TL Kardamompulver
1 TL Kümmelpulver
2 EL Majoran, 1 TL Thymian
3 EL geriebene Schale einer unbehandelten Zitrone
2 zerdrückte Knoblauchzehen
Salz nach Belieben

1. Das Rindfleisch, das Schweinefleisch und den Speck in grobe Würfel schneiden und mindestens 4 Stunden lang in der Tiefkühltruhe frosten.

2. Das Fleisch herausnehmen und durch die feine Scheibe des Fleischwolfes drehen.

3. Die Fleischmasse mit dem Pökelsalz in eine Schüssel geben und im Mixer oder mit dem Pürierstab kurz pürieren.

4. Die Würzzutaten dazugeben, gut mischen, die Wurstmasse mit Salz abrunden und in mittelgroße Zellophandärme füllen.

5. Die Würste anschließend zum Umröten in einen dunklen kühlen Raum hängen.

6. Ist die Wurst umgerötet – dies kann je nach Raumtemperatur einige Zeit dauern –, wird die Cervelat im Kaltrauch etwa 1 Woche geräuchert und danach an einem kühlen dunklen Ort zum weiteren Verzehr aufgehängt.

Variation

Sie erhalten eine köstliche **Pfeffercervelatwurst**, wenn Sie die Wurstgrundmasse mit jeweils 2 Eßlöffeln schwarzem gemahlenem Pfeffer und geschroteten schwarzen Pfefferkörnern sowie 50 g grünen Pfefferkörnern vermischen und mit jeweils 1 Eßlöffel Piment und Kümmelpulver, 2 Eßlöffeln Majoran, jeweils 1 Teelöffel Muskatnuß und Thymian, 4 zerdrückten Knoblauchzehen und 4 cl Weinbrand abschmecken und mit Salz abrunden. Die weitere Fertigstellung der Cervelatwürste erfolgt dann wie in dem Hausmacherrezept beschrieben.

Farbtafel 3:
oben links: Bayerischer Leberkäse (Rezept S. 47), Mitte: Bayerische Weißwurst (Rezept S. 48), unten: Paprikawurst (Rezept S. 36)

Bauernwürstel

400 g durchwachsener Schweinebauch
2,4 kg durchwachsene Schweineschulter
100 g Pökelsalz
400 g durchwachsenes Rindfleisch
800 g mageres Rindfleisch
3–4 EL weißer Pfeffer
2 EL Piment, 3 EL Majoran
1 EL Thymian
4 zerdrückte Knoblauchzehen
1 EL Kümmelpulver
2 EL geschrotete schwarze Pfefferkörner
4 EL mittelscharfer Senf
3 EL geriebener Meerrettich
Salz nach Belieben

1. Den Schweinebauch und die -schulter in grobe Würfel schneiden. Diese mit dem Pökelsalz bestreuen und abgedeckt in einer Schüssel über Nacht an einem kühlen Ort umröten lassen.
2. Das Rindfleisch ebenfalls in etwa daumengroße Würfel schneiden, mit Pökelsalz bestreuen und über Nacht ziehen lassen.
3. Das gesamte Fleisch am nächsten Tag durch die feine Scheibe des Fleischwolfes drehen und gut mischen.

Farbtafel 4:
oben: Hausmacher Blutwurst (Rezept S. 49), Mitte: Trüffelleberwurst (Rezept S. 52)

4. Alle Würzzutaten zu der Fleischmasse geben und diese im Mixer oder mit dem Pürierstab rasch zu einer homogenen Masse verarbeiten.
5. Die Wurstmasse nochmals abschmecken, mit Salz abrunden, in Därme von kleinem Kaliber füllen.
6. Die Würste roh, geräuchert oder gebrüht zum weiteren Verzehr bereitstellen.

VARIATION

Kennen Sie **Badische Weinwürstel**? Sie können Sie leicht aus der Wurstgrundmasse der Bauernwürstel herstellen. Würzen Sie die Fleischmasse mit 3 bis 4 Eßlöffeln weißem Pfeffer, 1 Eßlöffel Piment, 1 Teelöffel Muskatnuß und 1 Eßlöffel fein geschroteten Wacholderbeeren. Hinzu kommen 2 zerriebene Lorbeerblätter, 2 Eßlöffel geschrotete schwarze Pfefferkörner, 1 Teelöffel Cayennepfeffer und jeweils 4 Eßlöffel Kräuter der Provence und geriebene Schale einer unbehandelten Zitrone. Das Brät wird zuletzt mit ½ Tasse Weinbrand und Salz abgerundet und, wie bei den Bauernwürsteln beschrieben, weiter verarbeitet.

Teewurst Rügenwälder Art

1,2 kg mageres Rindfleisch
400 g mageres Schweinefleisch
2 kg durchwachsener
Schweinebauch, ohne Schwarte
400 g geräucherter fetter Speck
ohne Schwarte
3–4 EL weißer Pfeffer
2 EL Piment, 1 TL Muskatnuß
1 EL Korianderpulver
1 EL Kardamompulver
3 zerdrückte Knoblauchzehen
4 EL geriebene Schale einer
unbehandelten Zitrone
Saft von 2 Zitronen
100 g Pökelsalz

1. Das Rindfleisch, das Schweinefleisch, den Schweinebauch und den Speck in grobe Würfel schneiden und mindestens 4 Stunden in der Tiefkühltruhe frosten.
2. Das Fleisch herausnehmen. Das Rindfleisch durch die feine Scheibe des Fleischwolfes drehen, mit den Fleischwürfeln mischen.
3. Das gesamte Fleisch durch die feine Scheibe des Fleischwolfes drehen.
4. Die Fleischmasse mit den Gewürzen und dem Zitronensaft gut mischen und im Mixer oder mit dem Pürierstab zu einer homogenen Masse verarbeiten.
5. Das Pökelsalz zur Wurstmasse geben und nochmals kräftig durcharbeiten, abschmecken und mit Salz abrunden.
6. Das Brät in Därme von mittelgroßem Kaliber füllen.
7. Die Würste in einem etwa 20 °C warmen Raum 1 bis 2 Tage abhängen lassen. Anschließend im Räucherofen so lange räuchern, bis sie eine goldbraune Farbe bekommen haben.
(Farbtafel 2, siehe Seite 17)

VARIATION

Eine besondere Spezialität ist eine **Teewurst mit Trüffeln**. Hierfür verwendet man die Wurstgrundmasse der Teewurst Rügenwälder Art und mischt sie mit 100 g fein gewürfelten Trüffeln aus der Dose. Zum Würzen verwendet man 3 bis 4 Eßlöffel weißen Pfeffer, jeweils 1 Eßlöffel Piment und Korianderpulver, jeweils 1 Teelöffel Muskatnuß und Anispulver. Das Brät wird zuletzt mit 4 Eßlöffeln geriebener Schale einer unbehandelten Zitrone, 2 Bund fein gehackter Petersilie und Pökelsalz abgerundet. Die weitere Fertigstellung der Teewürste erfolgt nach den Anweisungen für die Teewurst Rügenwälder Art.

Wildschweinsalami

1,5 kg Wildschweinfleisch aus der
Keule ohne Knochen
1,2 kg mageres Schweinefleisch
1,2 kg Schweinespeck ohne Schwarte
100 g Pökelsalz
1 EL Wacholderbeeren
2 Lorbeerblätter
1 EL Korianderkörner
3–4 EL weißer Pfeffer
2 EL Paprikapulver edelsüß
2 EL Piment
2 EL Kümmelpulver
3 EL Majoran
1 EL Thymian
2 zerdrückte Knoblauchzehen
Salz nach Belieben

1. Das Wildschweinfleisch, das Schweinefleisch und den -speck in grobe Würfel schneiden und mindestens 4 Stunden in der Tiefkühltruhe frosten.

2. Das Fleisch herausnehmen und durch die feine Scheibe des Fleischwolfes drehen.

3. Das Fleisch und das Pökelsalz in eine Schüssel geben, gut mischen und im Mixer oder mit dem Pürierstab kurz pürieren.

4. Die Wacholderbeeren, die Lorbeerblätter und die Korianderkörner in einen Mörser geben, fein zermahlen und mit den übrigen Würzzutaten gut in das Brät einarbeiten.

5. Die Wurstmasse mit etwas Salz abrunden, in Zellophandärme füllen und anschließend in einen kühlen Raum 3 bis 4 Tage zum Umröten aufhängen.

6. Ist die Wurst umgerötet – dies kann einige Zeit dauern –, wird die Wildschweinsalami im Kaltrauch etwa 1 Woche lang geräuchert.

Variation

Eine weitere Delikatesse ist **Hirschsalami**. Für ihre Zubereitung benötigen Sie die gleichen Mengen an gut gekühltem Fleisch wie für die Wildschweinsalami, nur statt des Wildschweins Hirschfleisch und statt des mageren durchwachsenes Schweinefleisch. Würzen Sie die Hirschsalami mit 3 bis 4 Eßlöffeln schwarzem Pfeffer, jeweils 2 Eßlöffeln Kümmelpulver, Piment und Korianderpulver und jeweils 4 Eßlöffeln Kräuter der Provence und geriebene Schale einer unbehandelten Zitrone. Runden Sie das Brät zuletzt mit Salz ab und fertigen Sie die Würste nach den Anweisungen für die Wildschweinsalami.

Rezepte für Brühwürste

Paprikawurst

1 kg Rindfleisch
750 g Schweinespeck
500 g Eis, 50 g Pökelsalz
1 kg mageres Schweinefleisch
2 EL Schweineschmalz
1 Gemüsezwiebel
1 rote Paprikaschote
1 grüne Paprikaschote
2 EL Paprikapulver edelsüß
3 EL weißer Pfeffer
2 EL Kümmelpulver
1 EL Muskatnuß, 2 EL Majoran
2 EL Senfkörner
1 Bund Petersilie, fein gehackt
Salz nach Belieben

1. Das Rindfleisch und den Schweinespeck in Würfel schneiden und etwa 4 Stunden in der Tiefkühltruhe frosten.

2. Das Rindfleisch und den Speck durch die grobe Scheibe des Fleischwolfes drehen.

3. Das Rindfleisch mit 100 g Eis im Mixer oder mit dem Pürierstab gut pürieren.

4. Den Speck, das restliche Eis und das Pökelsalz dazugeben und alles pürieren.

5. Das magere Schweinefleisch durch die grobe Scheibe des Fleischwolfes drehen und unter die Wurstmasse ziehen.

6. Das Schweineschmalz in einer Pfanne erhitzen und die feine gehackte Gemüsezwiebel darin glasig werden lassen.

7. Die Paprikaschoten halbieren, entkernen, in feine Würfel schneiden, zur Zwiebel geben und kurz mit anschwitzen.

8. Das vollständig erkaltete Gemüse mit den übrigen Zutaten zur Wurstmasse geben, alles gut miteinander vermischen und mit Salz abrunden.

9. Die Wurstmasse in Därme oder Dosen füllen. Die Würste in Salzwasser je nach Darmkaliber 40 bis 70 Minuten garziehen lassen. 400-Gramm-Dosen werden in Wasser sterilisiert und benötigen 100 bis 120 Minuten.

(Farbtafel 3, siehe Seite 32)

VARIATION

Verwenden Sie für **Sauerkrautwurst** statt der Paprikaschoten 1 kleine Dose Sauerkraut und würzen Sie mit 2 Eßlöffeln Kümmelpulver, je 3 Eßlöffeln Pfeffer, Paprikapulver und Majoran und runden das Brät mit Salz ab.

Feine Fleischwurst

2 kg Rindfleisch
1,5 kg Schweinespeck
75 g Pökelsalz
1 kg Eis
3 EL weißer Pfeffer
je 1 EL Muskatnuß und Piment
2 EL geriebene Schale einer unbehandelten Zitrone
4 zerdrückte Knoblauchzehen
Salz nach Belieben

1. Das Rindfleisch und den Schweinespeck in Würfel schneiden und etwa 4 Stunden im Tiefkühlfach frosten.
2. Das Fleisch und den Speck herausnehmen und durch die grobe Scheibe des Fleischwolfes drehen.
3. Das Rindfleisch mit dem Pökelsalz und 200 g Eis im Mixer sehr fein pürieren.
4. Den Speck, das restliche Eis und alle weiteren Zutaten zu der Rindfleischmasse geben und so lange im Mixer verarbeiten, bis ein homogenes Brät entstanden ist.
5. Das Fleischwurstbrät je nach Geschmack nochmals würzen und mit Salz abrunden.
6. Die Wurstmasse in Därme oder Dosen füllen und die Würste in Salzwasser je nach Darmkaliber 40 bis 70 Minuten garziehen lassen. 400-Gramm-Dosen werden in Wasser etwa 100 bis 120 Minuten sterilisiert.
(Farbtafel 1, siehe Seite 16)

Wiener Würstchen

1 kg durchwachsenes Rindfleisch
650 g Eis
200 g durchwachsenes Schweinefleisch
750 g Schweinespeck
45 g Pökelsalz
2 EL weißer Pfeffer
2 EL Paprikapulver edelsüß
1 EL Piment, 1 TL Muskatnuß
1 EL Kümmelpulver
Salz nach Belieben

1. Das Rindfleisch in Würfel schneiden und 4 Stunden in der Tiefkühltruhe frosten.
2. Anschließend herausnehmen und durch die feine Scheibe des Fleischwolfes drehen.
3. Das Rindfleisch mit 150 g Eis im Mixer oder mit dem Pürierstab pürieren.
4. Das Schweinefleisch und den Schweinespeck durch die feine Scheibe des Fleischwolfes drehen und zum Rindfleisch geben.
5. Das restliche Eis und das Pökelsalz dazugeben und alles zu einer homogenen Masse pürieren.
6. Die Wurstmasse mit den Gewürzen kräftig abschmecken und mit Salz abrunden.
7. Das Brät in dünne Würstchendärme füllen und im Heißrauch bei 65 °C 1 Stunde räuchern.

Deftige Brotzeitwürstchen

- 1 kg mageres Schweinefleisch
- 1 kg Schweinebauch
- 40 g Pökelsalz
- 1 kg Rindfleisch
- 700 g Schweinespeck
- 500 g Eis
- 40 g Pökelsalz
- 2 EL Majoran
- 2 EL Thymian
- 3 EL Paprikapulver edelsüß
- 1 EL Muskatnuß
- 1 EL Piment
- 3–4 EL weißer Pfeffer
- 3 zerdrückte Knoblauchzehen
- Salz nach Belieben

1. Das Schweinefleisch und den -bauch am Vortag in Würfel schneiden, in eine Schüssel geben und das Pökelsalz darüberstreuen. Zugedeckt an einem kühlen Ort über Nacht ruhen lassen.

2. Das Rindfleisch und den Schweinespeck in Würfel schneiden und 4 Stunden im Tiefkühlfach frosten.

3. Das Rindfleisch und den Speck durch die feine Scheibe des Fleischwolfes drehen.

4. Das Rindfleisch mit 100 g Eis im Mixer oder mit dem Pürierstab pürieren.

5. Den Speck, das restliche Eis, das Pökelsalz und alle restlichen Zutaten zu der Rindfleischmasse geben und alles zu einer homogenen Masse verarbeiten.

6. Das eingesalzene Schweinefleisch und den Schweinebauch durch die mittlere Scheibe des Fleischwolfes drehen und mit dem Brät vermischen.

7. Die Wurstmasse nochmals kräftig abschmecken, mit Salz abrunden und in dünne Würstchendärme füllen.

8. Die Würstchen in Salzwasser je nach Darmkaliber 30 bis 45 Minuten garziehen lassen.

Variation

Zur Herstellung von **Knoblauchwürstchen** wird die Wurstmasse mit jeweils 4 Eßlöffeln Majoran und schwarzem Pfeffer, mit je 3 Eßlöffeln geriebener Schale einer unbehandelten Zitrone und Kümmelpulver sowie 8 zerdrückten Knoblauchzehen gewürzt und mit Salz abgerundet. Die weitere Fertigstellung der Würstchen erfolgt wie bei den Brotzeitwürstchen.

Bauernknacker

1,5 kg Rindfleisch	
1,2 kg Schweinespeck	
1,5 kg Wurstfett	
800 g Eis	
45 g Pökelsalz	
2 EL Butterschmalz	
2 Gemüsezwiebeln	
4 EL Majoran	
4 zerdrückte Knoblauchzehen	
2 EL Kümmelpulver	
1 EL Muskatnuß	
2 EL Piment	
3–4 EL schwarzer Pfeffer	
Salz nach Belieben	

1. Das Rindfleisch und den Schweinespeck in Würfel schneiden und 4 Stunden im Tiefkühlfach frosten. Das Wurstfett ebenfalls anfrosten.

2. Das Rindfleisch und den Schweinespeck durch die mittlere Scheibe des Fleischwolfes drehen.

3. Das Rindfleisch mit 150 g Eis im Mixer oder mit dem Pürierstab pürieren.

4. Den Schweinespeck, das restliche Eis und das Pökelsalz zum Rindfleisch geben und zu einer homogenen Masse verarbeiten.

5. Das angefrorene Wurstfett durch die feine Scheibe des Fleischwolfes drehen und mit dem Wurstbrät gut vermischen.

6. Das Butterschmalz in einer Pfanne erhitzen und die in feine Würfel geschnittene Gemüsezwiebel darin glasig werden lassen. Anschließend abkühlen lassen.

7. Die Zwiebeln mit den restlichen Zutaten zur Wurstmasse geben und nochmals pürieren.

8. Die Wurstmasse abschmecken, mit Salz abrunden und in dünne oder dickere Würstchendärme füllen.

9. Die Würstchen in Salzwasser je nach Darmkaliber 35 bis 50 Minuten garziehen lassen.

Variation

Sie erhalten leckere **Kräuterknacker**, wenn Sie die Grundwurstmasse der Bauernknacker mit jeweils 4 Eßlöffeln Majoran und geriebener Schale einer unbehandelten Zitrone, jeweils 2 Eßlöffeln Thymian, gehackter Petersilie und edelsüßem Paprikapulver sowie mit 3 Eßlöffeln weißem Pfeffer würzen und das Brät zuletzt mit Salz abrunden. Die weitere Fertigstellung entspricht den Anweisungen für die Bauernknacker.

Grillbratwürstchen

- 750 g durchwachsenes Rindfleisch
- 500 g mageres Schweinefleisch
- 250 g Schweinespeck
- 500 g Schweinebacke
- 500 g Eis
- 45 g Kochsalz
- 2 EL weißer Pfeffer
- 1 EL Paprikapulver edelsüß
- 3 EL mittelscharfer Senf
- 3 zerdrückte Knoblauchzehen
- 2–3 EL Majoran
- 1 EL Thymian
- 1 EL Piment
- Salz nach Belieben

1. Das Rindfleisch, das Schweinefleisch, den Schweinespeck und die Schweinebacke 4 Stunden in der Tiefkühltruhe frosten.

2. Das Fleisch herausnehmen. Das Rindfleisch durch die feine Scheibe des Fleischwolfes drehen und in eine Schüssel geben.

3. Die Rindfleischmasse mit 100 g Eis in einem Mixer oder mit dem Pürierstab pürieren.

4. Das Schweinefleisch, den Schweinespeck, die Schweinebacke, das restliche Eis und das Kochsalz dazugeben und alles zu einer homogenen Masse pürieren.

5. Die Wurstmasse mit den Gewürzen kräftig abschmecken und mit Salz abrunden.

6. Das Brät in dünne Wurstdärme füllen und diese in Salzwasser je nach Darmkaliber 30 bis 45 Minuten garziehen lassen.

7. Die Würste können auch ungebrüht zum Braten auf dem Grill oder in der Pfanne verwendet werden. Als rohe Würste müssen sie dann aber unverzüglich verzehrt werden.

Majoranwürstchen

1 Rezept Wurstgrundmasse
für Wiener Würstchen
(siehe Seite 37)

Außerdem:
- 2 EL Schweineschmalz
- 1 Zwiebel
- 2 EL Majoran
- 2 EL schwarzer Pfeffer
- 1 EL Piment
- 1 TL Muskatnuß
- 1 Bund Petersilie, fein gehackt
- Salz nach Belieben

1. Die Wurstgrundmasse wie für Wiener Würstchen beschrieben zubereiten.
2. Das Schweineschmalz in einer Pfanne erhitzen und die fein gehackte Zwiebel darin glasig werden lassen.
3. Die Gewürze und die Petersilie unter die Zwiebelwürfel ziehen.
4. Die Zwiebelmasse vom Herd nehmen, erkalten lassen und anschließend unter die Wurstmasse arbeiten.
5. Das Brät in dünne Würstchendärme füllen und diese je nach Darmkaliber in Salzwasser 30 bis 45 Minuten garziehen lassen.

Kalbsbratwurst

- 1,5 kg Kalbfleisch
- 300 g Schweinespeck
- 700 g Schweinebacke
- 600 g Eis
- 50 g Kochsalz
- 2 EL weißer Pfeffer
- 1 EL Piment
- 1 TL Muskatnuß
- 2 EL geriebene Schale einer unbehandelten Zitrone
- 3 zerdrückte Knoblauchzehen
- Saft von 2 Zitronen
- ½ TL Cayennepfeffer
- Salz nach Belieben

1. Das Kalbfleisch, den Schweinespeck und die Schweinebacke mindestens 4 Stunden in der Tiefkühltruhe frosten.
2. Das Fleisch anschließend herausnehmen und durch die feine Scheibe des Fleischwolfes drehen.
3. Das Kalbfleisch mit 150 g Eis im Mixer oder mit dem Pürierstab pürieren.
4. Nun den Schweinespeck, die -backe, das restliche Eis und alle restlichen Würzzutaten dazugeben und nochmals pürieren. Danach kräftig abschmecken und mit Salz abrunden.
5. Die Wurstmasse in dünne Wurstdärme füllen und die Würstchen in Salzwasser je nach Darmkaliber 30 bis 45 Minuten garziehen lassen.

Jagdwurst

850 g mageres Rindfleisch
250 g fettes Rindfleisch oder Rindfleischfett
300 g Eis
600 g Schweinebauch
500 g Schweinebacke
50 g Pökelsalz
2–3 EL weißer Pfeffer
1 TL Nelkenpulver
1 TL Muskatnuß
2–3 EL Paprikapulver edelsüß
1 EL Kümmelpulver
3 EL Senfkörner
Salz nach Belieben

1. Das Rindfleisch und das Rindfleischfett in Würfel schneiden und dann 4 Stunden in der Tiefkühltruhe frosten.

2. Anschließend beides herausnehmen und durch die grobe Scheibe des Fleischwolfes drehen.

3. Mit 100 g Eis im Mixer oder mit dem Pürierstab pürieren.

4. Den Schweinebauch und die Schweinebacke durch die feine Scheibe des Fleischwolfes drehen.

5. Die Schweinefleischmasse, das restliche Eis und das Pökelsalz zu der Rindfleischmasse geben und alles im Mixer zu einem homogenen Brät verarbeiten.

6. Den Schweinebauch und alle restlichen Zutaten in die Wurstmasse geben und alles gut miteinander verarbeiten.

7. Die Wurstmasse nochmals abschmecken, mit Salz abrunden und in Därme oder Dosen füllen.

8. Die Würste in Salzwasser je nach Darmkaliber 70 bis 90 Minuten garziehen lassen. 400-Gramm-Dosen werden in Wasser etwa 120 bis 140 Minuten sterilisiert.

Variation

Für die Herstellung einer **Obstlerwurst** können Sie dieselbe Wurstgrundmasse wie für die Jagdwurst verwenden. Würzen Sie sie ebenfalls mit weißem Pfeffer, Nelkenpulver und Muskatnuß und tauschen Paprikapulver, Kümmel und Senfkörner gegen 3 Eßlöffel Kräuter der Provence, ½ Tasse Obstler und 1 Bund fein gehackte Petersilie aus. Die weitere Fertigstellung der Obstlerwurst erfolgt wie bei der Jagdwurst beschrieben.

Gelbwurst

- 500 g durchwachsenes Rindfleisch
- 500 g Eis
- 1 kg durchwachsenes Schweinefleisch
- 500 g Schweinespeck
- 40 g Kochsalz
- 2 EL weißer Pfeffer
- 1 TL Muskatnuß, 1 EL Piment
- 1 TL Kümmelpulver
- 2 EL geriebene Schale einer unbehandelten Zitrone
- Saft von 2 Zitronen
- 1 EL fein gemahlener Majoran
- 1 Bund Petersilie, fein gehackt
- Salz nach Belieben

1. Das Rindfleisch in Würfel schneiden und 4 Stunden in der Tiefkühltruhe frosten.

2. Das Fleisch herausnehmen und durch die feine Scheibe des Fleischwolfes drehen.

3. Das Rindfleisch mit 100 g Eis im Mixer oder mit dem Pürierstab pürieren.

4. Das Schweinefleisch und den Schweinespeck durch die feine Scheibe des Fleischwolfes drehen und mit der Rindfleischmasse mischen.

5. Das restliche Eis zu dem Fleisch geben und alles im Mixer oder mit dem Pürierstab zu einer homogenen Masse verarbeiten.

6. Diese mit dem Kochsalz und allen restlichen Zutaten vermischen, abschmecken und eventuell mit Salz abrunden.

7. Die Wurstmasse in Därme oder Dosen abfüllen. Die Würste in Salzwasser je nach Darmkaliber 70 bis 90 Minuten garziehen lassen. 400-Gramm-Dosen werden in Wasser etwa 90 bis 110 Minuten sterilisiert.

Variation

Liebhaber süß-salziger Kombinationen können aus diesem Rezept gut eine **pikante Ananaswurst** herstellen. Verwenden Sie dazu die Wurstgrundmasse für Gelbwurst und fügen 4 in Würfel geschnittene Ananasscheiben, 100 g fein gewürfelte grüne und rote Paprikaschoten sowie 50 g grob gehackte Silberzwiebeln hinzu. Das Brät wird dann mit jeweils 1 Teelöffel Ingwerpulver, Muskatnuß und Chilipulver, jeweils 1 Eßlöffel Piment und Currypulver, 2 Eßlöffeln weißem Pfeffer sowie einem Bund fein gehackte Petersilie abgeschmeckt und mit Salz abgerundet. Die weitere Fertigstellung der Ananaswurst erfolgt wie für Gelbwurst beschrieben.

Edelstetter Schinkenwurst

- 1 kg durchwachsenes Rindfleisch
- 500 g durchwachsenes Schweinefleisch
- 500 g Schweinebauch
- 600 g Schweinebacke
- 400 g Schweinespeck
- 1 kg Eis
- 65 g Pökelsalz
- 4 EL weißer Pfeffer
- 2 EL Piment
- 1 EL Muskatnuß
- 2 EL Kümmelpulver
- je 1 EL gemahlener Rosmarin und Majoran
- 4 zerdrückte Knoblauchzehen
- 1 Tasse mittelscharfer Senf
- 2 Bund Petersilie, fein gehackt
- Salz nach Belieben

1. Das Rindfleisch, das Schweinefleisch, den Schweinebauch, die -backe und den Speck in Würfel schneiden, in der Tiefkühltruhe mindestens 4 Stunden frosten.

2. Das Fleisch herausnehmen und durch die feine Scheibe des Fleischwolfes drehen.

3. Das Rindfleisch mit 200 g Eis im Mixer oder mit dem Pürierstab pürieren.

4. Das restliche Fleisch, das verbliebene Eis und das Pökelsalz zu der Rindfleischmasse geben und zu einer homogenen Masse pürieren.

5. Die Wurstmasse mit den Würzzutaten mischen, kräftig abschmecken und mit etwas Salz abrunden.

6. Das Brät in Därme oder Dosen füllen. Die Würste in Salzwasser je nach Darmkaliber 50 bis 70 Minuten garziehen lassen.

7. 400-Gramm-Dosen werden in Wasser etwa 90 bis 110 Minuten sterilisiert.

Variation

Aus der Wurstgrundmasse für die Edelstetter Schinkenwurst können Sie leicht eine **scharfe Vesperwurst** zubereiten. Würzen Sie die Wurstmasse mit schwarzem Pfeffer, Piment, Muskatnuß und Kümmelpulver in den für Schinkenwurst angegebenen Mengen und fügen jeweils ½ Tasse mittelscharfen Senf und geriebenen Meerrettich, 100 g grüne Pfefferkörner und jeweils 1 Bund fein gehackte Petersilie und Majoran hinzu. Die weitere Fertigstellung erfolgt dann wie für die Schinkenwurst beschrieben.

Mortadella

1 kg Schweinehaxenfleisch mit Fett
1 kg durchwachsenes Kalbfleisch
1 kg durchwachsenes Rindfleisch
85 g Pökelsalz
350 g Eis
800 g fetter Speck
4 EL weißer Pfeffer
1 EL Piment
1 TL Nelkenpulver
1 TL Muskatnuß
je 1 EL gemahlener Rosmarin, Oregano und Basilikum
Salz nach Belieben

1. Das Schweinehaxenfleisch, das Kalbfleisch und das Rindfleisch durch die feine Scheibe des Fleischwolfes drehen und mit dem Pökelsalz vermischen.

2. Das Eis dazugeben und im Mixer oder mit dem Pürierstab pürieren.

3. Den fetten Speck in 1 cm große Würfel schneiden und kurz mit lauwarmem Wasser überspülen.

4. Den Speck gut abtropfen lassen und lauwarm in das Brät mengen.

5. Die Wurstmasse mit den Gewürzen und Kräutern kräftig abschmecken, mit Salz nach Belieben abrunden und in Därme oder Dosen füllen.

6. Die Würste einen Tag in einen kühlen Raum hängen, damit die Wurst umröten kann.

7. Am nächsten Tag wird die Wurst im auf 80 bis 90 Grad vorgeheizten Räucherofen durchgeräuchert.

8. Genausogut können die Würste in Salzwasser je nach Darmkaliber 70 bis 90 Minuten garziehen.

9. 400-Gramm-Dosen werden in Wasser etwa 100 bis 120 Minuten sterilisiert.

VARIATION

Für eine **Mortadella mit Nüssen** können Sie dieselbe Wurstgrundmasse verwenden und sie mit 2 Eßlöffeln weißem Pfeffer, 1 Eßlöffel Piment, 1 Teelöffel Muskatnuß, jeweils 50 g Pistazienkernen, Haselnüssen und Rumrosinen sowie ½ Tasse Grappa abschmekken und das Brät mit Salz nach Belieben abrunden. Die weitere Fertigstellung erfolgt dann wie für Mortadella beschrieben.

Bierschinken

- 2,4 kg mageres Schweinefleisch
- 50 g Pökelsalz
- 1 EL Piment
- 1 TL Muskatnuß
- 2 EL weißer Pfeffer
- 600 g durchwachsenes Rindfleisch
- 600 g durchwachsenes Schweinefleisch
- 400 g Schweinebacke
- 500 g Schweinespeck
- 500 g Eis
- 40 g Pökelsalz
- 3–4 EL weißer Pfeffer
- 1 EL Nelkenpulver, 1 EL Muskatnuß
- 4 EL geriebene Schale einer unbehandelten Zitrone
- 4 zerdrückte Knoblauchzehen
- Salz nach Belieben

1. Das Schweinefleisch am Vortag in grobe Würfel schneiden, in eine Schüssel geben und mit dem Pökelsalz gut vermischen.

2. Das Piment, Muskatnuß und Pfeffer dazugeben, ebenfalls gut vermischen. Das Fleisch zugedeckt im Kühlschrank über Nacht umröten lassen.

3. Das Rindfleisch in grobe Würfel schneiden und 4 Stunden im Tiefkühlfach frosten.

4. Das durchwachsene Schweinefleisch, die Schweinebacke und den -speck durch die feine Scheibe des Fleischwolfes drehen, gut miteinander vermischen und im Kühlschrank erkalten lassen.

5. Das Rindfleisch durch die feine Scheibe des Fleischwolfes drehen und mit 100 g Eis im Mixer oder mit dem Pürierstab pürieren.

6. Die Schweinefleischmasse, das Pökelsalz und das restliche Eis dazugeben und zusammen nochmals pürieren.

7. Das Brät mit den restlichen Zutaten würzen. Das umgerötete Schweinefleisch mit den Händen leicht durchkneten und unter die Brätmasse mischen.

8. Beim Vermischen von Brät und Fleischwürfeln sollten Sie darauf achten, daß beide die gleiche Temperatur haben.

9. Die Wurstmasse in Därme oder Dosen füllen und die Wurst in Salzwasser je nach Darmkaliber 60 bis 90 Minuten garziehen lassen.

10. 400-Gramm-Dosen werden in Wasser etwa 120 bis 140 Minuten sterilisiert.

Bayerischer Leberkäse

1,2 kg durchwachsenes Schweinefleisch
1,2 kg fetter Speck
600 g Eis
60 g Pökelsalz
300 g Schweineleber
3 EL weißer Pfeffer
1 EL Piment
1 TL Muskatnuß
1 EL Kümmelpulver
2 EL gerebelter Majoran
2 zerdrückte Knoblauchzehen
3 EL geriebene Schale einer unbehandelten Zitrone
Salz nach Belieben

1. Das Schweinefleisch und den Speck in Würfel schneiden und mindestens 4 Stunden in der Tiefkühltruhe frosten.
2. Anschließend beides herausnehmen und durch die feine Scheibe des Fleischwolfes drehen.
3. Das Schweinefleisch mit 200 g Eis und dem Pökelsalz in eine Schüssel geben, vermischen und im Mixer oder mit dem Pürierstab pürieren.
4. Den Speck und das restliche Eis dazugeben und zu einer homogenen Masse pürieren.
5. Die gesäuberte Schweineleber schaben, zur Fleischmasse geben und gut unterarbeiten.
6. Das Brät mit den Würzzutaten kräftig abschmecken und mit etwas Salz abrunden.
7. Den Leberkäseteig in eine ausgefettete Kastenform geben und glattstreichen.
8. Die Form ins Wasserbad stellen, mit Alufolie abdecken und in dem auf 180 °C vorgeheizten Backofen 60 bis 70 Minuten garen.
9. Den Leberkäse herausnehmen, aus der Form stürzen und warm oder kalt servieren.
(Farbtafel 3, siehe Seite 32)

VARIATION

Die Grundfleischmasse für den bayerischen Leberkäse können Sie gut zur Herstellung eines **Zwiebelleberkäses mit Kräutern** verwenden. Dazu werden 2 Zwiebeln fein gehackt und in 2 Eßlöffeln Schweineschmalz goldgelb geröstet. Man gibt sie zusammen mit jeweils 1 Eßlöffel Piment, Kümmelpulver und Thymian, 2 Eßlöffeln Paprikapulver, jeweils 3 Eßlöffeln weißem Pfeffer und Majoran sowie 2 Bund fein gehackter Petersilie zum Brät und schmeckt alles mit Salz nach Belieben ab. Der Teig wird anschließend, wie es beim Leberkäse angegeben ist, gegart.

Bayerische Weißwurst

2,5 kg Kalbfleisch
500 g Schweinespeck
400 g Eis
60 g Kochsalz
3 EL weißer Pfeffer
1 EL Piment
1 TL Muskatnuß
2 EL geriebene Schale einer unbehandelten Zitrone
200 g gekochtes Fleisch vom Kalbskopf
je 1 Bund Petersilie und Zitronenmelisse, fein gehackt
Salz nach Belieben

1. Das Kalbfleisch und den Schweinespeck in Würfel schneiden und mindestens 4 Stunden in der Tiefkühltruhe frosten.

2. Das Fleisch herausnehmen und durch die feine Scheibe des Fleischwolfes drehen.

3. Das Kalbfleisch mit 100 g Eis im Mixer oder mit dem Pürierstab pürieren.

4. Den Schweinespeck mit dem restlichen Eis und allen Würzzutaten mit Ausnahme der frischen Kräuter dazugeben und alles pürieren.

5. Das Kalbskopffleisch auch durch den Fleischwolf drehen. Die Petersilie und die Zitronenmelisse zuletzt unterziehen und das Brät mit Salz abschmecken.

6. Die Wurstmasse in dickere Würstchendärme füllen und die Würste in Salzwasser je nach Darmkaliber 40 bis 50 Minuten garziehen lassen.

(Farbtafel 3, siehe Seite 32)

Farbtafel 5:
oben: Pottsuse (Rezept S. 56), Mitte: Pfälzer Schwartemagen (Rezept S. 57), unten: Oberhessische Kartoffelwurst (Rezept S. 60)

Rezepte für Kochwürste

Hausmacher Blutwurst

Für den Sud:

3–4 l Salzwasser
je 2 Zwiebeln und Karotten
je 1 Stück Lauch und Sellerie
2 Lorbeerblätter
einige Wacholderbeeren, Nelken und Pfefferkörner
2 Zimtstangen

Für die Wurstmasse:

je 1,5 kg Schwarten und fetter Schweinebauch mit Schwarte
1,5 l frisches Schweineblut
3–4 EL Kochsalz
2 EL geriebene Schale einer unbehandelten Zitrone
1 EL Piment
1 TL Nelkenpulver
2 EL Kräuter der Provence
2–3 EL schwarzer Pfeffer

1. Das Salzwasser in einem Topf erhitzen. Das geputzte und in grobe Würfel geschnittene Gemüse und die Würzzutaten für den Sud hineingeben. Bei mäßiger Hitze 8 bis 10 Minuten köcheln lassen.

2. Die Schwarten und den Schweinebauch unter fließendem Wasser waschen und in den Sud geben. Bei mäßiger Hitze 60 bis 70 Minuten garen lassen und herausnehmen.

3. Die Schwarten durch die feine Scheibe des Fleischwolfes drehen und mit dem leicht angewärmten Schweineblut vermischen.

4. Den Schweinebauch in ½ cm große Würfel schneiden und dazugeben.

5. Das Ganze mit Salz und den angegebenen Würzzutaten kräftig abschmecken.

6. Die Wurstmasse in Därme oder Dosen füllen.

7. Die Würste in der Fleischbrühe je nach Darmkaliber 30 bis 60 Minuten garziehen lassen. 400-Gramm-Dosen werden in Wasser etwa 100 bis 120 Minuten sterilisiert.

(Farbtafel 4, siehe Seite 33)

Farbtafel 6:
oben: Luftgetrockneter Schweinenacken in der Wursthaut (Rezept S. 68), Mitte: Backofenschinken mit Kräutern (Rezept S. 65), unten: Rotweinschinken (Rezept S. 63)

Kares Brotzeitwurst

Für den Sud:

2–3 l Salzwasser
½ l dunkles Bier
2 Zwiebeln
2 Bund Suppengemüse
1 Schuß Essig
2–3 EL Zucker
2 Lorbeerblätter, 1 TL Nelken
1 EL Wacholderbeeren
je 1 Zweig Thymian und Rosmarin
2 EL schwarze Pfefferkörner

Für die Wurstmasse:

1 kg gepökelte Zunge
1 kg Schwarten
500 g Schweineherz
500 g durchwachsener Schweinebauch
1 Schweineniere
1,5 l frisches Schweineblut
1 EL geriebene Schale einer unbehandelten Zitrone
1 EL Piment
je 1 TL Muskatnuß, Nelken-, Zimt- und Ingwerpulver
2 EL Majoran
Salz nach Belieben

1. Das Salzwasser und das Bier in einem Topf zum Kochen bringen.
2. Die Zwiebeln und das Suppengemüse putzen, klein schneiden und in den Sud geben. Mit einem Schuß Essig und mit Zucker leicht süß-sauer abschmecken.
3. Die restlichen Würzzutaten für den Sud dazugeben und bei mäßiger Hitze 8 bis 10 Minuten köcheln lassen.
4. Die Zunge, die Schwarten, das Schweineherz und den Schweinebauch in den Sud geben und bei mäßiger Hitze 60 bis 70 Minuten garziehen lassen.
5. Die enthäutete gewaschene Schweineniere dazugeben und 10 Minuten mitziehen lassen.
6. Alle Fleischsorten herausnehmen und gut abtropfen lassen. Die Zunge noch warm enthäuten, in 1 cm große Würfel schneiden.
7. Die Schwarten mit den Zwiebeln und dem Suppengemüse durch die feine Scheibe des Fleischwolfes drehen.
8. Das Schweineherz, das Bauchfleisch sowie die Schweineniere in kleine Würfel schneiden.
9. Die Zungenwürfel, die Schwarten-Zwiebel-Masse, das Herz, das Bauchfleisch und die Schweineniere in eine Schüssel geben und mit dem angewärmten Schweineblut vermischen.
10. Die Wurstmasse mit den Gewürzen kräftig abschmecken, mit Salz abrunden und in Därme oder Dosen füllen.
11. Die Würste in der Fleischbrühe je nach Darmkaliber 30 bis 60 Minuten garziehen lassen. 400-Gramm-Dosen werden in Wasser etwa 100 bis 120 Minuten sterilisiert.

Feine Kalbsleberwurst

Für den Sud:

4 l Salzwasser
2 Zwiebeln
4 Karotten
1 Stange Lauch
1 Stück Sellerie
2 EL weiße Pfefferkörner
1 EL Pimentkörner
3 EL Senfkörner
3 EL Majoran
1 EL Thymian

Für die Wurstmasse:

1,5 kg sehr fetter Schweinebauch ohne Schwarte
800 g Kalbfleisch
500 g Kalbsleber
2 EL Butter oder Margarine
400 g Zwiebeln
2 EL weißer Pfeffer
1 TL Muskatnuß
1 TL Piment
Salz nach Belieben

1. Das Salzwasser in einem Topf zum Kochen bringen.
2. Das Gemüse putzen, in grobe Würfel schneiden, in die Flüssigkeit geben und 5 Minuten köcheln lassen.
3. Die restlichen Zutaten für den Sud dazugeben und bei mäßiger Hitze 5 Minuten ziehen lassen.
4. Den Schweinebauch und das Kalbfleisch unter fließendem Wasser abwaschen, trockentupfen und in grobe Würfel schneiden. In den Kochsud geben und bei mäßiger Hitze 60 bis 70 Minuten köcheln lassen.
5. Anschließend die küchenfertige Kalbsleber unter fließendem Wasser abwaschen, trockentupfen, ebenfalls in den Sud geben und bei mäßiger Hitze 10 bis 15 Minuten garziehen lassen.
6. Das Fleisch herausnehmen, abtropfen lassen und mit der Leber durch die mittlere Scheibe (6 mm) des Fleischwolfes drehen.
7. Die Butter oder Margarine in einer Pfanne erhitzen und die fein gehackten Zwiebeln darin goldgelb rösten.
8. Die Zwiebeln zur Wurstmasse geben und alles durch die feine Scheibe des Fleischwolfes drehen.
9. Die Wurstmasse mit etwa ¼ l Kochsud glattrühren und mit den Gewürzen und Salz kräftig abschmecken.
10. Die Wurstmasse in Därme oder Dosen füllen.
11. Die Würste in der Fleischbrühe je nach Darmkaliber 30 bis 60 Minuten garziehen lassen. 400-Gramm-Dosen werden in Wasser etwa 90 Minuten sterilisiert.

Trüffelleberwurst

Für den Sud:

- 3 l Salzwasser
- 1 l trockener Weißwein
- ¼ l Madeira
- 2 Zwiebeln
- 2 Bund Suppengrün
- 2 Lorbeerblätter
- 1 EL Wacholderbeeren
- 2 EL Pfefferkörner
- 2 Zweige Thymian, 1 Zweig Rosmarin

Für die Wurstmasse:

- 1,5 kg durchwachsener gepökelter Schweinebauch
- 500 g Schweinefleisch
- 750 g Schweineleber
- 2 EL Butter oder Margarine
- 400 g Zwiebeln
- 3 Dosen eingelegte Trüffel (à 12,5 g)
- 2 EL weißer Pfeffer
- 1 TL Muskatnuß
- 1 TL Piment
- 1 EL Knoblauchgranulat
- Salz nach Belieben

1. Das Salzwasser mit dem Weißwein und dem Madeira in einem Topf zum Kochen bringen.

2. Die Zwiebeln in grobe Würfel schneiden und mit dem geputzten Suppengrün in die Flüssigkeit geben.

3. Die restlichen Zutaten für den Sud dazugeben und aufkochen lassen.

4. Den Schweinebauch und das Schweinefleisch unter fließendem Wasser abwaschen und in grobe Würfel schneiden. In den Sud geben und bei mäßiger Hitze 60 bis 70 Minuten garziehen lassen.

5. Anschließend die küchenfertige Schweineleber unter fließendem Wasser abwaschen, in den Sud geben und kurz blanchieren.

6. Die drei Fleischsorten herausnehmen und durch die mittlere Scheibe (6 mm) des Fleischwolfes drehen.

7. Die Butter oder Margarine in einer Pfanne erhitzen und die fein gehackten Zwiebeln darin goldgelb rösten.

8. Die Zwiebeln zur Fleischmasse geben und durch die feine Scheibe des Fleischwolfes drehen.

9. Die eingelegten Trüffel gut abtropfen lassen, in sehr feine Würfel schneiden und unter die Fleischmasse ziehen.

10. Diese mit etwa ¼ l Kochsud glattrühren, mit den Gewürzen kräftig abschmecken und mit Salz abrunden.

11. Die Wurstmasse in Därme oder Dosen füllen.

12. Die Würste in der Fleischbrühe je nach Darmkaliber 30 bis 60 Minuten garziehen lassen. 400-Gramm-Dosen werden in Wasser etwa 90 Minuten sterilisiert.

(Farbtafel 4, siehe Seite 33)

Landleberwurst mit Kräutern

Für den Sud:

3–4 l Salzwasser
2 Zwiebeln
4 Karotten
1 Stück Sellerie
2 Lorbeerblätter
1 TL Nelken
1 EL Wacholderbeeren
1 EL schwarze Pfefferkörner
1 TL Pimentkörner

Für die Wurstmasse:

½ kg Schweinskopf ohne Backe
1 kg fetter Schweinebauch
250 g Schweinenierenfett (Flomen)
500 g Schweineleber
250 g Schweinehirn
2 EL Butter oder Margarine
2–3 zerdrückte Knoblauchzehen
2 Zwiebeln
2 EL Majoran, 1 EL Thymian
2 EL weißer Pfeffer
Salz nach Belieben
2 Bund Petersilie, fein gehackt

1. Das Salzwasser in einem Topf zum Kochen bringen.

2. Die Zwiebeln, die Karotten und den Sellerie putzen, in kleine Würfel schneiden und in das Salzwasser geben.

3. Die restlichen Zutaten für den Sud dazugeben und alles bei mäßiger Hitze 5 Minuten köcheln lassen.

4. Den Schweinskopf, den Schweinebauch und das Schweinenierenfett in grobe Würfel schneiden, im Sud bei mäßiger Hitze 60 bis 70 Minuten garen.

5. Anschließend die Schweineleber unter fließendem Wasser abwaschen, in den Sud geben und 10 Minuten mitkochen.

6. Nun das küchenfertige, gewaschene und gut abgetropfte Schweinehirn zum Fleisch geben und kurz blanchieren.

7. Das Fleisch und den Kopf herausnehmen und gut abtropfen lassen. Das Fleisch vom Schweinskopf ablösen und alles in grobe Würfel schneiden.

8. Das Fleisch durch die feine Scheibe des Fleischwolfes drehen.

9. Die Butter oder Margarine in einer Pfanne erhitzen und den Knoblauch und die klein geschnittenen Zwiebeln darin glasig dünsten.

10. Die Mischung zum Fleisch geben und nochmals durch die feine Scheibe des Fleischwolfes drehen.

11. Die Wurstmasse mit etwa ¼ l Kochsud zu einer kompakten Masse anrühren und mit den Gewürzen und Salz kräftig abschmekken. Die Petersilie unterziehen.

12. Die Wurstmasse in Därme oder Dosen füllen.

13. Die Würste in der Fleischbrühe je nach Darmkaliber 30 bis 60 Minuten garziehen lassen. 400-Gramm-Dosen werden in Wasser etwa 90 Minuten sterilisiert.

Thüringer Bauernleberwurst

Für den Sud:

3–4 l Salzwasser
1 Bund Suppengemüse
2 Zwiebeln, 2 Lorbeerblätter
je 1 Zweig Majoran, Thymian
und Rosmarin
2 zerdrückte Knoblauchzehen

Für die Wurstmasse:

2 kg fetter Schweinebauch mit
Schwarte (frisch oder gepökelt)
500 g Schweineleber
250 g Schweinehirn
250 g mageres Schweinefleisch
2 EL Butter oder Margarine
2 Gemüsezwiebeln
1 TL Knoblauchgranulat
2 EL Majoran, 1 TL Thymian
2 EL schwarzer Pfeffer
1 TL Piment
1 TL Muskatnuß
Salz nach Belieben

1. Das Salzwasser in einem Topf zum Kochen bringen.

2. Das Suppengemüse mit den geviertelten Zwiebeln in das Wasser geben und erhitzen.

3. Die restlichen Zutaten für den Sud dazugeben und bei mäßiger Hitze 5 Minuten köcheln lassen.

4. Den Schweinebauch unter fließendem Wasser abwaschen, trockentupfen, in grobe Würfel schneiden. In den Sud geben und bei mäßiger Hitze 60 bis 70 Minuten köcheln lassen.

5. Die küchenfertige Schweineleber, das Schweinehirn und das Schweinefleisch ebenfalls unter fließendem Wasser abwaschen, trockentupfen und in grobe Würfel schneiden.

6. Diese Fleischwürfel roh durch die feinste Scheibe (3 mm) des Fleischwolfes drehen.

7. Den gekochten Schweinebauch aus dem Sud nehmen, gut abtropfen lassen und ebenfalls durch die feinste Scheibe des Fleischwolfes drehen.

8. Alle Fleischsorten gut mischen.

9. Die Butter oder Margarine in einer Pfanne erhitzen und die fein gehackten Zwiebeln darin goldgelb rösten.

10. Die Zwiebeln zur Fleischmasse geben und diese erneut durch die feinste Scheibe des Fleischwolfes drehen.

11. Die Wurstmasse mit etwa ¼ l Kochsud glattrühren und mit den Würzzutaten kräftig abschmecken.

12. Die Wurstmasse in Därme oder Dosen füllen.

13. Die Würste in der Fleischbrühe je nach Darmkaliber 30 bis 60 Minuten garziehen lassen. Eventuell nach dem Abkühlen leicht anräuchern. 400-Gramm-Dosen werden in Wasser etwa 90 Minuten sterilisiert.

Deidesheimer Leberwurst

Für den Sud:

- 2–3 l Salzwasser
- 1 l trockener Weißwein
- 2 mit Nelken gespickte Zwiebeln
- 2 Bund Suppengrün
- 2 Lorbeerblätter
- 1 EL Wacholderbeeren
- 1 TL Nelken
- 2 Zweige Majoran
- je 1 Zweig Thymian und Rosmarin
- 2 EL schwarze Pfefferkörner

Für die Wurstmasse:

- 1 kg Schweinebauch ohne Schwarte
- 500 g Schweinebacke
- 300 g mageres Schweinefleisch
- 800 g Schweineleber
- 2 EL Schweineschmalz
- 400 g Zwiebeln
- 1 kleines Glas grüne Pfefferkörner
- 2 EL Kräuter der Provence
- ½ TL Nelkenpulver
- 1 TL Muskatnuß
- 2 Bund Petersilie, fein gehackt
- 4 cl Weinbrand
- Salz nach Belieben

1. Das Salzwasser und den Weißwein in einem Topf zum Kochen bringen.

2. Das geputzte Gemüse und die restlichen Zutaten für den Sud dazugeben und bei mäßiger Hitze 5 Minuten köcheln lassen.

3. Nun den Schweinebauch, die Schweinebacke und das Schweinefleisch unter fließendem Wasser waschen und in grobe Würfel schneiden. In den Sud geben und bei mäßiger Hitze 60 bis 70 Minuten garziehen lassen.

4. Anschließend die küchenfertige Schweineleber unter fließendem Wasser waschen, trockentupfen und in grobe Würfel schneiden.

5. Das Fleisch aus dem Sud nehmen, gut abtropfen lassen und mit der Leber durch die mittlere Scheibe (6 mm) des Fleischwolfes drehen.

6. Das Schweineschmalz in einer Pfanne erhitzen und die fein gehackten Zwiebeln darin goldgelb rösten.

7. Die Zwiebeln zum Fleisch geben und alles durch die feinste Scheibe (3 mm) des Fleischwolfes drehen.

8. Die Wurstmasse mit etwa ¼ l Kochsud glattrühren, die Pfefferkörner dazugeben und mit den Gewürzen kräftig abschmecken.

9. Die Petersilie unter die Wurstmasse ziehen, mit Weinbrand aromatisieren und mit Salz abrunden.

10. Die Wurstmasse in Därme oder Dosen füllen.

11. Die Würste in der Fleischbrühe je nach Darmkaliber 30 bis 60 Minuten garziehen lassen. 400-Gramm-Dosen werden in Wasser etwa 90 Minuten sterilisiert.

Pottsuse

Für den Sud:

- 2–3 l Salzwasser
- 2 Tassen Essig
- 2 Bund Suppengemüse
- 1 Zwiebel
- 1 Zweig Thymian
- 2 Zweige Majoran
- 2 Lorbeerblätter
- 1 EL Nelken
- 1 EL Wacholderbeeren
- 2 EL schwarze Pfefferkörner

Für die Wurstmasse:

- 3 kg durchwachsener Schweinebauch mit Schwarte
- 750 g Zwiebeln
- 2 EL weißer Pfeffer
- 1 EL Kümmelpulver
- 1 EL Piment, 1 TL Muskatnuß
- 1 Schuß Essig
- 1 Prise Zucker
- Salz nach Belieben

1. Das Salzwasser mit dem Essig in einem Topf zum Kochen bringen.

2. Das Suppengemüse und die Zwiebel putzen, würfeln und mit den Würzzutaten für den Sud dazugeben. Bei mäßiger Hitze 6 bis 8 Minuten köcheln lassen.

3. Den Schweinebauch in den Sud geben und bei mäßiger Hitze 80 bis 90 Minuten garziehen lassen.

4. Den Schweinebauch herausnehmen, die Hälfte des Fleisches in ½ bis 1 cm große Würfel schneiden und die andere Hälfte durch die grobe Scheibe des Fleischwolfes drehen.

5. Die Fleischwürfel und die Fleischmasse mit den geschälten und fein gehackten Zwiebeln vermischen und mit etwas Kochbrühe glattrühren.

6. Die Wurstmasse mit den Würzzutaten kräftig abschmecken, mit Salz abrunden und in Därme oder Dosen füllen.

7. Die Würste in der Fleischbrühe je nach Darmkaliber 30 bis 60 Minuten garziehen lassen. 400-Gramm-Dosen werden in Wasser etwa 90 bis 100 Minuten sterilisiert.
(Farbtafel 5, siehe Seite 48)

Variation

Nach dem Originalrezept der Pottsuse wird die fertige Wurstmasse nicht in Därme oder Dosen gefüllt, sondern in einem Topf bei geringer Hitze etwa 1½ Stunden unter ständigem Rühren gekocht. Sobald das Fleisch dann eine bräunliche Farbe angenommen hat, wird es in Schüsseln umgefüllt und nach dem Erkalten serviert.

Pfälzer Schwartemagen

Für den Sud:

- 2–3 l Salzwasser
- 2 Bund Suppengemüse
- 2 Zwiebeln
- 2 Lorbeerblätter
- 1 TL Nelken
- 1 EL Wacholderbeeren
- 2 Zweige Majoran

Für die Wurstmasse:

- 1,5 kg Schwarten
- 1 kg Schweineschulter
- 500 g Schweinebacke
- 1 küchenfertiger Schweinemagen
- 2 EL weißer Pfeffer
- 1 EL Majoran
- 1 TL Thymian
- 1 TL Muskatnuß
- 3 zerdrückte Knoblauchzehen
- Salz nach Belieben

1. Das Salzwasser mit dem geputzten und in Würfel geschnittenen Suppengemüse sowie den grob geschnittenen Zwiebeln in einem Topf zum Kochen bringen.

2. Die restlichen Zutaten für den Sud dazugeben und bei mäßiger Hitze 5 bis 6 Minuten köcheln lassen.

3. Die Schwarten unter fließendem Wasser abwaschen, in den Sud geben und bei mäßiger Hitze 90 bis 100 Minuten garziehen lassen.

4. In der Zwischenzeit die Schweineschulter und die Schweinebacke unter fließendem Wasser abwaschen, trockentupfen, in grobe Würfel schneiden und durch die grobe Scheibe des Fleischwolfes drehen.

5. Den Schweinemagen in warmes Wasser legen, das mit etwas Essig und Salz vermischt wurde.

6. Die Schwarten aus dem Sud nehmen, gut abtropfen lassen und klein schneiden. Die Stücke erkalten lassen und durch die grobe Scheibe des Fleischwolfes drehen.

7. Die Schwarten und die Fleischmasse mit etwas Sud glattrühren.

8. Die Wurstmasse mit den Gewürzen kräftig abschmecken, mit Salz abrunden und in den Schweinemagen füllen. Diesen anschließend gut zunähen oder abbinden.

9. Den Schwartemagen mit einer Gabel mehrmals einstechen und in den auf 85 °C vorgeheizten Sud legen.

10. Im offenen Topf etwa 2½ Stunden garziehen lassen. Der Schwartemagen wird gerne gebraten oder vor dem Verzehr kalt geräuchert.
(Farbtafel 5, siehe Seite 48)

Thüringer Zungenrotwurst

Für den Sud:

2–3 l Salzwasser
2–3 Tassen Essig
2 Zwiebeln
1 Bund Suppengrün
2 Lorbeerblätter
1 TL Nelken
1 EL Wacholderbeeren
2 EL Senfkörner
2 EL Zucker

Für die Wurstmasse:

1 kg gepökelte Rinderzunge
1 kg Schwarten
500 g mageres Schweinefleisch
500 g durchwachsener Schweinebauch
1,5 l frisches Schweineblut
2 EL Majoran
1 TL Thymian
2 EL schwarzer Pfeffer
1 EL Piment
1 TL Ingwerpulver
½ TL Nelkenpulver
Salz nach Belieben

1. Das Salzwasser mit dem Essig in einem Topf zum Kochen bringen.

2. Die geschälten und halbierten Zwiebeln und das geputzte Suppengrün mit den restlichen Würzzutaten für den Sud dazugeben. Bei mäßiger Hitze 5 bis 10 Minuten köcheln lassen.

3. Alle Fleischsorten und die Schwarten unter fließendem Wasser abwaschen und in den Sud geben. Bei mäßiger Hitze 60 bis 70 Minuten garen.

4. Die Schwarten, das Schweinefleisch und den Schweinebauch aus dem Sud nehmen. Die Rinderzunge so lange im Sud weiterköcheln lassen, bis sie weich ist.

5. Auch die Zunge herausnehmen, enthäuten und in ½ bis 1 cm große Würfel schneiden.

6. Die Schwarten mit den Zwiebeln durch die feinste Scheibe (3 mm) des Fleischwolfes drehen.

7. Das Schweinefleisch und den Schweinebauch in ½ bis 1 cm große Würfel schneiden.

8. Die Zunge, die Schwartenmasse, das Schweinefleisch, den Schweinebauch und das angewärmte Schweineblut gut miteinander vermischen.

9. Die Wurstmasse mit den Gewürzen kräftig abschmecken, mit Salz abrunden und in Därme oder Dosen füllen.

10. Die Würste in der Fleischbrühe je nach Darmkaliber 30 bis 60 Minuten garziehen lassen. 400-Gramm-Dosen werden in Wasser etwa 100 bis 120 Minuten sterilisiert.

Nordfriesische Leberwurst

- 2 kg Schweineleber
- 500 g durchwachsener, roher, geräuchter Bauchspeck ohne Schwarte
- 250 g Mehl
- 1½ l Milch
- 10 Eier
- 250 g zerlassene Butter
- 2 EL schwarzer Pfeffer
- 2 EL Majoran
- 1 TL Thymian
- 1 TL Muskatnuß
- ½ TL Piment
- 2 EL Knoblauchgranulat
- Salz nach Belieben
- 2 Bund Petersilie, fein gehackt
- 2–3 l Fleischbrühe

1. Die küchenfertige Schweineleber in Würfel schneiden und durch die feinste Scheibe (3 mm) des Fleischwolfes drehen.

2. Den Bauchspeck unter fließendem Wasser abwaschen, trockentupfen, in Würfel schneiden und ebenfalls durch die feinste Scheibe des Fleischwolfes drehen.

3. Das Mehl in eine Schüssel sieben und mit etwas Milch zu einem glatten, geschmeidigen Teig verrühren.

4. Die restliche Milch, die Eier und die zerlassene Butter zum Mehlteig geben und alles gut miteinander verrühren.

5. Die Leber und den Bauchspeck zum Teig geben und eine glatte Masse rühren.

6. Diese mit den restlichen Würzzutaten kräftig abschmecken und mit Salz abrunden. Zuletzt die Petersilie unterziehen.

7. Die Wurstmasse in dünne Därme füllen und in der Fleischbrühe 50 bis 60 Minuten bei 80 °C garziehen lassen.

8. Die Würste anschließend herausnehmen und auf einer befeuchteten Unterlage auskühlen lassen.

9. Die Würste über Nacht an einem kühlen luftigen Ort zum Trocknen aufhängen und je nach Belieben kalt oder in Butter gebraten verzehren.

Oberhessische Kartoffelwurst

Für den Sud:

2–3 l Salzwasser
2 Zwiebeln
1 Bund Suppengemüse
2 Lorbeerblätter
1 EL Wacholderbeeren
1 TL Nelken
1 EL schwarze Pfefferkörner
4 zerdrückte Knoblauchzehen

Für die Wurstmasse:

1 kg magere Schweinebacke
1,5 kg Schweineschulter
1 kg gekochte Kartoffeln
2 EL weißer Pfeffer
1 TL Piment
1 TL Muskatnuß
2 EL Majoran
1 Bund Petersilie, fein gehackt
Salz nach Belieben

1. Das Salzwasser in einem Topf zum Kochen bringen.

2. Die Zwiebeln und das Suppengemüse putzen, klein schneiden und ins Salzwasser geben.

3. Die restlichen Zutaten für den Sud dazugeben und bei mäßiger Hitze 8 bis 10 Minuten köcheln lassen.

4. Die Schweinebacke und die Schweineschulter unter fließendem Wasser abwaschen, in den Sud geben und bei mäßiger Hitze 80 bis 90 Minuten ziehen lassen.

5. Anschließend das Fleisch aus dem Sud nehmen, abtropfen lassen und in Würfel schneiden.

6. Das Fleisch und die geschälten, klein geschnittenen Kartoffeln durch die mittlere Scheibe (6 mm) des Fleischwolfes drehen.

7. Die Fleisch-Kartoffel-Masse mit etwas Kochsud glattrühren und mit den Gewürzen und der Petersilie kräftig abschmecken. Mit Salz abrunden.

8. Die Wurstmasse in vorbereitete Därme füllen und die Würste in der Fleischbrühe je nach Darmkaliber 30 bis 60 Minuten garziehen lassen.

(Farbtafel 5, siehe Seite 48)

Rezepte für Schinken

Nelkenschinken

1 kg Schweinerücken
30 g Pökelsalz
2 EL weißer Pfeffer
1 EL Piment
1 TL Muskatnuß
2 EL Knoblauchsalz
25 Nelken

1. Den Schweinerücken im Kühlschrank gut auskühlen lassen.

2. Das Pökelsalz mit allen Gewürzen außer den Nelken gut mischen und den Schweinerücken damit kräftig einreiben. Dann mit den Nelken spicken.

3. Das Fleisch in eine Terrine oder ein Steingutgefäß legen und die restlichen Gewürze darüberstreuen.

4. Das Gefäß gut verschließen und bei 6 bis 8 °C 4 bis 5 Tage pökeln. Das Fleisch während des Pökelvorgangs mehrmals wenden.

5. Anschließend den Nelkenschinken mit einem Aufhänger versehen und im Kaltrauch 7 bis 8 Tage räuchern.

Wacholderschinken

1 kg Hinterschinken ohne Knochen
30 g Pökelsalz
1 EL geschotete schwarze Pfefferkörner
4 EL geschrotete Wacholderbeeren
1 EL Korianderpulver
1 EL Kardamompulver

1. Den Schinken mindestens 2 bis 3 Tage im Kühlschrank gut auskühlen lassen.

2. Das Pökelsalz mit den Gewürzen gut mischen und das Fleisch mit der Gewürzmischung kräftig einreiben.

3. Das Fleisch in eine Terrine oder ein Steingutgefäß legen und mit den übrig gebliebenen Gewürzen bestreuen.

4. Das Gefäß gut verschließen und bei 6 bis 8 °C 4 bis 5 Tage pökeln. Das Fleisch während der Reifezeit öfter wenden.

5. Anschließend den gepökelten Schinken mit einem Aufhänger versehen und im Kaltrauch 7 bis 8 Tage räuchern.

Geräucherter Wildschweinschinken

1 kg Wildschweinhinterschinken	
1 l Buttermilch	
1 Zwiebel	
2 Karotten	
je 1 Stück Sellerie und Lauch	
2 Lorbeerblätter	
1 EL Wacholderbeeren	
2 EL schwarze Pfefferkörner	
1 TL Nelken	
je 1 Zweig Rosmarin, Thymian und Majoran	
½ TL Cayennepfeffer	
50 g Pökelsalz	

1. Den Wildschweinhinterschinken im Kühlschrank gut auskühlen lassen.
2. Anschließend den Schinken mit Küchenkrepp gut abtupfen.
3. Die Buttermilch in eine Terrine oder ein Steingutgefäß geben.
4. Das Gemüse putzen, waschen, in kleine Würfel schneiden und in die Buttermilch geben.
5. Die Gewürze, außer Majoran, im Mörser fein zerreiben. Dann alle Gewürze unter die Buttermilch ziehen.
6. Zum Schluß den Cayennepfeffer und das Pökelsalz dazugeben.
7. Den Hinterschinken in den Pökelansatz legen. Das Fleisch muß vollständig bedeckt sein.
8. Das Gefäß gut verschließen und bei 6 bis 8 °C 2 bis 3 Tage pökeln.
9. Den Hinterschinken anschließend herausnehmen, mit Küchenkrepp gut abtupfen, mit einem Aufhänger versehen und im Kaltrauch 7 bis 8 Tage räuchern.

Kräuterschinken

1 kg Schweineoberschale
30 g Pökelsalz
2 EL weißer Pfeffer
1 EL gerebelter Majoran
1 EL gerebelter Thymian
1 EL gerebelter Rosmarin
2 EL Knoblauchsalz
1 EL Piment

1. Die Schweineoberschale im Kühlschrank gut auskühlen lassen.
2. Das Pökelsalz mit den Gewürzen gut mischen und das Fleisch mit der Gewürzmischung kräftig einreiben.
3. Das Fleisch in eine Terrine oder in ein Steingutgefäß legen und mit den übrig gebliebenen Gewürzen bestreuen.
4. Das Gefäß gut verschließen und bei 5 bis 8 °C 4 bis 5 Tage pökeln. Das Fleisch während der Pökelzeit mehrmals wenden.
5. Anschließend den Schinken mit einem Aufhänger versehen und dann im Kaltrauch 7 bis 8 Tage räuchern.

Gekochter Hinterschinken

Für den Pökelansatz:

1 kg Hinterschinken vom Schwein
1 l Wasser
1 Zwiebel
2 Karotten
je 1 Stück Lauch und Sellerie
2 Lorbeerblätter
1 TL Nelken
2 EL Wacholderbeeren
2 EL weiße Pfefferkörner
50 g Pökelsalz

Außerdem:

gut gewürzte Fleischbrühe

1. Den Hinterschinken im Kühlschrank gut auskühlen lassen.
2. Das Wasser in einem Topf zum Kochen bringen.
3. Das Gemüse putzen, waschen, in grobe Würfel schneiden und in das Wasser geben.
4. Die Gewürze vermischen, im Mörser grob zerkleinern und in den Sud geben. Das Ganze bei mäßiger Hitze 6 bis 8 Minuten köcheln lassen.
5. Den Sud vom Feuer nehmen, erkalten lassen und erst jetzt das Pökelsalz hineingeben.
6. Das Fleisch in eine Terrine oder einen Steingutgefäß legen und mit dem Sud begießen. Das Fleisch muß ganz bedeckt sein.
7. Das Gefäß gut verschließen und bei 6 bis 8 °C 2 bis 3 Tage pökeln.
8. Den Schinken anschließend herausnehmen und in einer gut gewürzten Fleischbrühe bei mäßiger Hitze 60 bis 70 Minuten garziehen lassen. Herausnehmen, erkalten lassen und zum weiteren Verzehr bereitstellen.

Rotweinschinken

1 kg Hinterschinken
1 l Rotwein
2 Lorbeerblätter
1 TL Nelken, 1 EL Wacholderbeeren
2 Zweige Rosmarin
2 Zweige Thymian
2 zerdrückte Knoblauchzehen
50 g Pökelsalz

1. Den Hinterschinken im Kühlschrank gut auskühlen lassen.
2. Das Fleisch mit Küchenkrepp kräftig abtupfen und in eine Terrine oder ein Steingutgefäß legen.
3. Den Rotwein mit den Gewürzen und dem Knoblauch mischen, das Pökelsalz in die Rotweinmarinade rühren und das Ganze über den Hinterschinken gießen. Das Fleisch muß bedeckt sein.
4. Das Gefäß verschließen und bei 5 bis 8 °C 2 bis 3 Tage pökeln.
5. Anschließend den Schinken mit einem Aufhänger versehen und im Kaltrauch 7 bis 8 Tage räuchern.
(Farbtafel 6, siehe Seite 49)

Backofenschinken mit Pfeffer

Für den Pökelansatz:

- 1 kg Hinterschinken vom Schwein
- 1 l Wasser
- 2 Bund Suppengrün
- 1 kleiner Gewürzbeutel (Lorbeerblätter, Nelken, Wacholderbeeren, Pfefferkörner)
- 50 g Pökelsalz

Außerdem:

- 3 EL geschrotete schwarze Pfefferkörner
- 1 EL gemahlener Pfeffer
- 1 EL Piment
- 1 TL Korianderpulver
- 1 TL fein gemahlene Lorbeerblätter
- 1 TL fein gemahlene Wacholderbeeren
- Fett zum Braten

1. Den Hinterschinken im Kühlschrank gut auskühlen lassen.

2. Das Wasser in einem Topf erhitzen. Das Suppengrün und den Gewürzbeutel dazugeben und bei mäßiger Hitze 6 bis 8 Minuten köcheln lassen.

3. Den Sud vom Feuer nehmen, erkalten lassen und erst jetzt das Pökelsalz dazugeben.

4. Den Hinterschinken in eine Terrine oder ein Steingutgefäß legen und mit dem Sud übergießen. Das Fleisch muß vollständig bedeckt sein.

5. Das Gefäß gut verschließen und das Fleisch bei 6 bis 8 °C 2 bis 3 Tage pökeln.

6. Das Fleisch anschließend herausnehmen, gut abtropfen lassen und mit Küchenkrepp gut trokkentupfen.

7. Die Gewürze mischen und den Schinken damit kräftig einreiben.

8. Den Schinken auf ein gefettetes Backblech legen und in dem auf 180 °C vorgeheizten Backofen 60 bis 70 Minuten backen. Herausnehmen und warm oder kalt servieren.

Farbtafel 7:
oben: Paprikaspeck (Rezept S. 69), Mitte: Gemüsesülze (Rezept S. 71),
unten: Apfelschmalz (Rezept S. 69)

Backofenschinken mit Kräutern

Für den Pökelansatz:

1 kg Oberschale vom Schwein
1 l Wasser
2 Bund Suppengrün
1 kleiner Gewürzbeutel
(Lorbeerblätter,
Wacholderbeeren, Nelken,
Pfefferkörner, Anis)
50 g Pökelsalz
1 EL weißer Pfeffer
1 EL Piment
1 TL Muskatnuß
1 EL Paprikapulver edelsüß

Außerdem:

1 EL Majoran
1 EL Thymian
2 zerdrückte Knoblauchzehen
Fett für das Blech

1. Die Oberschale in den Kühlschrank legen und gut auskühlen lassen.

2. Das Wasser in einem Topf erhitzen und das geputzte Suppengrün und den Gewürzbeutel dazugeben. Bei mäßiger Hitze 6 bis 8 Minuten köcheln lassen.

3. Den Sud vom Feuer nehmen und erkalten lassen.

4. Nun erst das Pökelsalz mit den Gewürzen für den Pökelansatz dazugeben.

5. Die Oberschale in eine Terrine oder ein Steingutgefäß legen und mit dem Sud übergießen. Das Fleisch muß vollständig bedeckt sein.

6. Das Gefäß gut verschließen und das Fleisch bei 6 bis 8 °C 2 bis 3 Tage pökeln.

7. Das Fleisch anschließend herausnehmen, gut abtropfen lassen, mit Küchenkrepp trockentupfen.

8. Die Gewürze und den Knoblauch mischen und den Schinken damit kräftig einreiben.

9. Den Schinken auf ein gefettetes Backblech legen und in dem auf 180 °C vorgeheizten Backofen 60 bis 70 Minuten garen. Herausnehmen und warm oder kalt servieren.
(Farbtafel 6, siehe Seite 49)

Farbtafel 8:
oben: Grützwurst (Rezept S. 79), Mitte: Hausgemachtes Corned beef (Rezept S. 78), unten: Gänseleberterrine (Rezept S. 77)

Gepökeltes Rückenstück

1 kg Schweinerücken
½ l Wasser
½ l Weißwein
1 EL Korianderkörner
1 EL Pimentkörner
1 EL Kardamomkörner
2 EL Wacholderbeeren
1 TL Muskatnuß, 1 TL Nelkenpulver
2 Bund Suppengrün
50 g Pökelsalz
gut gewürzte Fleischbrühe

1. Den Schweinerücken im Kühlschrank gut auskühlen lassen.
2. Das Wasser mit dem Weißwein in einem Topf aufkochen.
3. Den Koriander, das Piment, den Kardamom und die Wacholderbeeren im Mörser fein schroten und mit den restlichen Gewürzen und dem Suppengrün in den Sud geben. Bei mäßiger Hitze 6 bis 8 Minuten köcheln lassen.
4. Den Sud vom Feuer nehmen, erkalten lassen und erst jetzt das Pökelsalz unterrühren.
5. Den Schweinerücken in eine Terrine oder ein Steingutgefäß legen und mit dem Sud übergießen. Das Fleisch muß vollständig bedeckt sein.
6. Das Gefäß gut verschließen und den Schweinerücken bei 6 bis 8 °C 2 bis 3 Tage pökeln.
7. Anschließend herausnehmen, gut abtropfen lassen und in einer gut gewürzten Fleischbrühe bei mäßiger Hitze 50 bis 60 Minuten garziehen lassen.

Schwäbischer Schweinebauch

1 kg Schweinebauch
30 g Pökelsalz
1 EL Piment
1 EL Kümmelpulver
2 EL weißer Pfeffer
2 EL gerebelter Majoran
2 EL gerebelter Thymian

1. Den Schweinebauch im Kühlschrank gut auskühlen lassen.
2. Das Pökelsalz mit den Gewürzen gut mischen und den Schweinebauch mit der Gewürzmischung kräftig einreiben.
3. Das Fleisch in eine Terrine oder ein Steingutgefäß legen und mit den übrig gebliebenen Gewürzen bestreuen.
4. Das Gefäß gut verschließen und bei 6 bis 8 °C 4 bis 5 Tage pökeln. Das Fleisch während des Pökelvorgangs mehrmals wenden.
5. Den Schweinebauch anschließend mit einem Aufhänger versehen und bei 80 bis 85 °C 60 bis 70 Minuten warm räuchern.

Luftgetrockneter Rinderschinken

1 kg mageres Rindfleisch
aus der Keule
40 g Pökelsalz
1 EL Pimentkörner
1 EL Wacholderbeeren
1 EL Pfefferkörner, 2 Lorbeerblätter
½ TL Cayennepfeffer
4 cl Kirschwasser

1. Das Rindfleisch auf einem Brett schräg in den Kühlschrank stellen und mindestens 2 Tage ablaufen lassen.
2. Das Pökelsalz in eine Schüssel geben, die Gewürze in einem Mörser schroten und dann mit dem Cayennepfeffer dazugeben.
3. Alles gut miteinander vermischen. Das Rindfleisch mit Küchenkrepp kräftig abtupfen und mit der Mischung einreiben.
4. Das Fleisch in eine Terrine oder ein Steingutgefäß legen und mit den verbliebenen Gewürzen bestreuen.
5. Ein passendes Brettchen auf das Fleisch legen und mit Gewichten beschweren.
6. Das Gefäß verschließen und bei 6 bis 8 °C 5 bis 6 Tage pökeln. Das Fleisch während des Pökelvorgangs mehrmals wenden.
7. Das Fleisch anschließend mit Kirschwasser beträufeln und erneut 1 bis 2 Tage im Kühlschrank ruhen lassen.
8. Das Fleisch herausnehmen und gut trockentupfen. Mit Gaze umwickeln und für 2 Monate zum Trocknen an einen kühlen luftigen Ort hängen. Die Luft muß sehr trocken sein.

Krumbacher Schweinenacken

1 kg Schweinenacken
1 l Wasser, 1 Tasse Essig
1 Zwiebel, 2 Karotten, 1 Stück Sellerie
je 2 Zweige Majoran und Thymian
2 Lorbeerblätter
1 EL Wacholderbeeren, 1 TL Nelken
2 EL schwarze Pfefferkörner
3 EL Senfkörner, 50 g Pökelsalz

1. Den Schweinenacken im Kühlschrank gut auskühlen lassen.
2. Das Wasser mit dem Essig in einem Topf zum Kochen bringen.
3. Die Zwiebel, die Karotten und den Sellerie putzen, in Würfel schneiden, in den Sud geben.
4. Die Gewürze ebenfalls dazugeben und bei mäßiger Hitze 6 bis 8 Minuten köcheln lassen.
5. Den Sud vom Feuer nehmen, erkalten lassen und erst jetzt das Pökelsalz unterrühren.
6. Den Schweinenacken in ein Gefäß legen und mit dem Sud übergießen. Gut verschließen und bei 6 bis 8 °C 2 bis 3 Tage pökeln.
7. Den Schweinenacken mit einem Aufhänger versehen und im Kaltrauch 7 bis 8 Tage räuchern.

Luftgetrockneter Schweinenacken in der Wursthaut

1 kg Schweinenacken
40 g Pökelsalz
1 EL schwarze Pfefferkörner
1 EL Wacholderbeeren
1 EL Pimentkörner
2 EL Senfkörner
1 TL Thymian
1 EL Majoran
1 Glas Weißwein
1 Glas Grappa
1 entsprechend großes Stück
Naturdarm

1. Den Schweinenacken im Kühlschrank gut auskühlen lassen.
2. Das Pökelsalz in eine Schüssel geben und mischen.
3. Die Gewürzkörner bis auf den Senf in einen Mörser geben und fein schroten, mit dem Thymian und dem Majoran zu dem Pökelsalz geben. Alles mischen und den Schweinenacken damit kräftig einreiben.
4. Den Schweinenacken in eine Terrine oder ein Steingutgefäß legen und mit den restlichen Gewürzen bestreuen.
5. Das Gefäß gut verschließen und das Fleisch bei 6 bis 8 °C 4 bis 5 Tage pökeln. Den Schweinenakken während der Pökelzeit mehrmals wenden.
6. Das Fleisch anschließend mit Weißwein und Grappa beträufeln und erneut zugedeckt 1 Tag marinieren.
7. Das Fleisch herausnehmen, trockentupfen und in ein entsprechend großes Stück Naturdarm geben.
8. Den Schweinenacken mit einer Wurstschnur zu einer Roulade binden.
9. Anschließend 3 bis 4 Monate zum Ausreifen in einen trockenen luftigen Raum hängen.
(Farbtafel 6, siehe Seite 49)

Spezialitäten

Paprikaspeck

1 kg Rückenspeck
35 g Salz
4 EL Paprikapulver, edelsüß
1 EL Piment
1 EL weißer Pfeffer
1 TL Cayennepfeffer

1. Den Rückenspeck auf eine Arbeitsfläche legen und an einer der Ecken eine Wurstschnur so befestigen, daß man den Speck aufhängen kann.

2. Das Salz in eine Schüssel geben und mit den Gewürzen gut vermischen.

3. Den Rückenspeck mit der Gewürzmischung kräftig einreiben und für 3 bis 4 Wochen zum Trocknen an einem trockenen luftigen Ort aufhängen.

(Farbtafel 7, siehe Seite 64)

Apfelschmalz

500 g Schweineschmalz
2 säuerliche Äpfel
1 Zwiebel
Salz nach Belieben
frisch gemahlener weißer Pfeffer
1 Prise Zucker
1 Bund Schnittlauch

1. Das Schweineschmalz in einem Topf erhitzen.

2. Die Äpfel schälen, entkernen und das Fruchtfleisch in kleine Würfel schneiden.

3. Die Zwiebel schälen und ebenfalls fein würfeln.

4. Die Äpfel und die Zwiebel ins Schweineschmalz geben und bei mäßiger Hitze 6 bis 8 Minuten glasig werden lassen.

5. Das Schmalz vom Feuer nehmen, mit Salz, Pfeffer und Zucker abschmecken.

6. Den Schnittlauch waschen, fein schneiden und kurz vor dem Festwerden unter das Schmalz ziehen. Das fertige Apfelschmalz bis zum Verzehr im Kühlschrank aufbewahren.

(Farbtafel 7, siehe Seite 64)

Großmutters Tellersülze

Für die Einlage:

600 g gekochtes oder gebratenes Schweinefleisch
4 hart gekochte Eier
4 Essiggurken
1 kleines Glas Silberzwiebeln
1 Bund Petersilie

Für den Sud:

¾ l Fleischbrühe
½–1 Tasse Essig
1 mit Nelken gespickte Zwiebel
2 Lorbeerblätter
1 EL Senfkörner
1 EL schwarze Pfefferkörner
1 TL Wacholderbeeren
1 Prise Muskatnuß
Salz nach Belieben
frisch gemahlener Pfeffer
1 Prise Zucker
12 Blatt weiße Gelatine

1. Das Schweinefleisch in Scheiben schneiden. Die Eier schälen und mit den Essiggurken ebenfalls in Scheiben schneiden.
2. Die Silberzwiebeln gut abtropfen lassen. Die Petersilie waschen, trockentupfen und zerpflücken.
3. Das Schweinefleisch, die Eier, die Essiggurken, die Silberzwiebeln und die Petersilie dekorativ in großen Suppentellern anrichten und bereitstellen.
4. Die Fleischbrühe mit dem Essig, der gespickten Zwiebel, den Lorbeerblättern, den Senfkörnern, den Pfefferkörnern und den Wacholderbeeren in einem Topf zum Kochen bringen und bei mäßiger Hitze 10 bis 12 Minuten ziehen lassen.
5. Den Sud mit Muskatnuß, Salz, Pfeffer und Zucker kräftig abschmecken und durch ein Sieb gießen.
6. Die eingeweichte und gut ausgedrückte Gelatine im noch warmen Sud auflösen.
7. Den Sud über die angerichteten Zutaten gießen und im Kühlschrank erstarren lassen.

VARIATION

Statt der Essiggurken und der Silberzwiebeln können Sie auch andere eingelegte Gemüsesorten verwenden. Eingelegte rote Paprika in Streifen sind sehr dekorativ.

Gemüsesülze

½ l Gemüsebrühe
1 Tasse Weißwein
1 Zwiebel
2 Möhren
1 Stange Lauch
100 g frische oder tiefgekühlte grüne Erbsen
2 Lorbeerblätter
einige Nelken
1 Zweig Thymian
2 Zweige Majoran
½–1 Tasse Essig
500 g gekochtes Rindfleisch
Salz nach Belieben
frisch gemahlener Pfeffer
1 Prise Muskatnuß
1 Prise Zucker
12 Blatt weiße Gelatine
1 Bund Schnittlauch

1. Die Gemüsebrühe mit dem Weißwein in einem Topf erhitzen.
2. Die Zwiebel und die Möhren schälen und in dünne Scheiben schneiden.
3. Den Lauch putzen, waschen und in feine Streifen schneiden.
4. Das Gemüse in den Sud geben und bei mäßiger Hitze 6 bis 8 Minuten köcheln lassen.
5. Die Erbsen mit den Lorbeerblättern, den Nelken, den Thymian- und den Majoranzweigen sowie dem Essig in den Sud geben und bei mäßiger Hitze 10 bis 12 Minuten ziehen lassen.
6. Das Rindfleisch in dünne, 2 bis 3 cm große Streifen schneiden und ebenfalls in den Gemüsesud geben und erhitzen.
7. Den Sud mit Salz, Pfeffer, Muskatnuß und Zucker kräftig abschmecken, vom Feuer nehmen und die eingeweichte, gut ausgedrückte Gelatine darin auflösen.
8. Das Ganze in tiefe Teller füllen und mit dem fein geschnittenen Schnittlauch bestreuen.
9. Die Gemüsesülze erkalten und im Kühlschrank erstarren lassen.
(Farbtafel 7, siehe Seite 64)

Wurstsülze

500 g Fleischwurst
½ l Gemüse- oder Fleischbrühe
1 Tasse Bier
1 EL Zuckerrübensirup
½–1 Tasse Essig
1 Zwiebel, 1 Stange Lauch
1 rote Paprikaschote
1 grüne Paprikaschote
1 kleine Dose Champignonköpfe
1 EL Majoran
1 TL Thymian
2 zerdrückte Knoblauchzehen
1 TL Kümmelpulver
1 EL geriebene Schale einer unbehandelten Zitrone
1 Prise Muskatnuß
Salz nach Belieben
frisch gemahlener Pfeffer
1 Prise Zucker
12 Blatt weiße Gelatine
1 Bund Schnittlauch

1. Die Fleischwurst häuten und in dünne Scheiben schneiden.

2. Die Gemüsebrühe mit dem Bier in einem Topf erhitzen. Den Zuckerrübensirup und den Essig hineinrühren.

3. Die Zwiebel, den Lauch und die Paprikaschoten putzen, waschen und in dünne Streifen schneiden.

4. Das Gemüse in den Sud geben und bei mäßiger Hitze 8 bis 10 Minuten ziehen lassen.

5. Die Champignonköpfe gut abtropfen lassen, mit dem Majoran, dem Thymian, dem Knoblauch, dem Kümmel und der Zitronenschale in den Sud geben und erhitzen.

6. Den Sud anschließend mit Muskatnuß, Salz, Pfeffer und etwas Zukker kräftig abschmecken.

7. Den Sud vom Feuer nehmen und die eingeweichte, gut ausgedrückte Gelatine darin auflösen.

8. Die Fleischwurstscheiben in tiefen Tellern dekorativ anrichten und mit dem Sud und dem Gemüse überziehen.

9. Den Schnittlauch waschen, fein schneiden und über die Wurstsülze streuen.

10. Die Sülze erkalten und im Kühlschrank erstarren lassen.

Thüringer Kümmelsülze

Für den Sud:

- 1½ l Salzwasser
- 2 Zwiebeln
- 3 Lorbeerblätter
- 1 TL Wacholderbeeren
- 1 EL schwarze Pfefferkörner
- 2 EL Kümmelpulver
- 2 Zweige Majoran
- 1 Zweig Thymian

Außerdem:

- 1,5 kg Eisbein
- 2 kg Schweinekopffleisch mit Backe und Ohren
- 500 g Zwiebeln
- Salz nach Belieben
- frisch gemahlener Pfeffer
- 2–3 EL Kümmelpulver
- Essig nach Belieben

1. Das Wasser in einem Topf erhitzen.

2. Die Zwiebeln schälen, in grobe Würfel schneiden und mit den restlichen Würzzutaten für den Sud in das Wasser geben. Bei mäßiger Hitze 4 bis 5 Minuten köcheln lassen.

3. Das Eisbein und das Kopffleisch unter fließendem Wasser waschen und trockentupfen.

4. Das Fleisch in den Sud geben und bei mäßiger Hitze 70 bis 80 Minuten garziehen lassen.

5. Das Fleisch anschließend herausnehmen und in grobe Würfel schneiden. Die Zwiebeln schälen, ebenfalls grob würfeln und mit dem Fleisch durch die feine Scheibe des Fleischwolfes drehen.

6. Die Masse mit Salz, Pfeffer und Kümmel kräftig würzen und nach Belieben mit Essig säuern.

7. Die Fleischmasse in saubere Einmachgläser füllen, die Gläser verschließen und je nach Größe des Glases 90 bis 120 Minuten sterilisieren.

Knöcherlsülze

Für die Einlage:

2 kg durchwachsenes
Schweinefleisch
6–8 Schweinefüße

Für den Sud:

1½–2 l Salzwasser
1–2 Tassen Essig
1 Gewürzsäckchen (4 Lorbeerblätter,
1 EL Wacholderbeeren,
1 EL Pimentkörner,
1 TL Nelken, 2 EL Senfkörner,
2 EL schwarze Pfefferkörner)
2 Zwiebeln, 1 Stange Lauch
6 Möhren
1 Zweig Petersilie
Salz nach Belieben
frisch gemahlener Pfeffer
Essig, Zucker
Aspik- oder Gelatinepulver
je nach Sudmenge

1. Das Schweinefleisch und die Schweinefüße unter fließendem Wasser abwaschen und gut trokkentupfen.
2. Das Salzwasser mit dem Essig in einem Topf zum Kochen bringen.
3. Das Fleisch und die Schweinefüße hineingeben und bei starker Hitze 10 bis 15 Minuten kochen lassen.
4. Während der starken Kochphase mit einem Schaumlöffel den Schaum abschöpfen und eventuell auffüllen.
5. Das Gewürzsäckchen zum Fleisch geben und bei mäßiger Hitze 70 bis 80 Minuten ziehen lassen.
6. Die Zwiebeln, den Lauch und die Möhren putzen und in dünne Scheiben schneiden. Das Gemüse 10 Minuten vor Ende der Garzeit in den Sud geben.
7. Das Schweinefleisch aus dem Sud nehmen und dann in Würfel schneiden.
8. Die Schweinefüße aus dem Sud nehmen, das Fleisch von den Knochen lösen und klein schneiden.
9. Das Fleisch in saubere Einmachgläser geben.
10. Den Gewürzbeutel aus dem Sud nehmen und die gewaschene und fein gehackte Petersilie unterrühren. Den Sud mit Salz, Pfeffer, Essig und Zucker süß-säuerlich abschmecken.
11. Das Aspikpulver nach Anweisung entsprechend der Sudmenge vorbereiten und im Sud auflösen.
12. Den Sud mit dem Gemüse gleichmäßig über das Fleisch verteilen. Die Einmachgläser verschließen und je nach Größe 90 bis 120 Minuten sterilisieren.

Feine Kalbsleberterrine

600 g Kalbsleber
400 g mageres Kalbfleisch
500 g fetter Speck
2 altbackene eingeweichte Brötchen oder Weißbrot
1 Zwiebel
½ Bund Petersilie
1 Tasse Sahne
1 kleine Dose Trüffel (12,5 g)
2 Eier
2 cl Weinbrand
Salz nach Belieben
frisch gemahlener Pfeffer
1 TL Pastetengewürz
1 TL Thymian
1 TL Basilikum

1. Die Kalbsleber, das Kalbfleisch und 200 g des Specks in grobe Würfel schneiden und mindestens 4 Stunden lang in der Tiefkühltruhe frosten.

2. Das Fleisch und den Speck mit den gut ausgedrückten Brötchen, der geschälten und klein geschnittenen Zwiebel sowie der Petersilie durch die feine Scheibe des Fleischwolfes drehen.

3. Die Fleischmasse in eine Schüssel geben und die eiskalte Sahne unterziehen.

4. Das Ganze im Mixer oder mit dem Pürierstab kurz zu einer homogenen Masse verarbeiten.

5. Die Trüffel gut abtropfen lassen, in feine Würfel schneiden und mit den Eiern und dem Weinbrand unter die Masse ziehen.

6. Die Farce mit Salz, Pfeffer und den Gewürzen gut abschmecken.

7. Den restlichen Speck in hauchdünne Scheiben schneiden und eine Pastetenform mit einem Teil davon auslegen. Die Fleischfarce einfüllen und mit den restlichen Speckscheiben abdecken. Die Pastetenform gut verschließen.

8. Die Form ins Wasserbad stellen und in dem auf 160 °C vorgeheizten Backofen 2 bis 2½ Stunden garen.

9. Die Terrine herausnehmen, erkalten lassen und in Scheiben geschnitten servieren.

Hubertusterrine

- 400 g Hirschfleisch
- 500 g fetter Speck
- 600 g Hirschleber
- 1 Zwiebel
- 2 altbackene eingeweichte Brötchen
- 1 Bund Petersilie
- 2 Eier
- ½ Glas Rotwein
- 1 TL Pastetengewürz
- 1 EL Kräuter der Provence
- 1 EL geriebene Schale einer
- unbehandelten Zitrone
- Salz nach Belieben
- frisch gemahlener Pfeffer
- 1 Msp. Muskatnuß
- 1 EL Kapern
- 2 Sardellenfilets
- Lorbeerblätter zum Garnieren

1. Das Hirschfleisch, 200 g des Specks und die Hirschleber in grobe Würfel schneiden und mindestens 4 Stunden in der Tiefkühltruhe frosten.

2. Das Fleisch mit der geschälten und grob gewürfelten Zwiebel, den gut ausgedrückten Brötchen und der Petersilie durch die feine Scheibe des Fleischwolfes drehen.

3. Die Eier und den Rotwein zum Fleisch geben und das Ganze im Mixer oder mit dem Pürierstab kurz zu einer homogenen Masse verarbeiten.

4. Die Fleischfarce mit Pastetengewürz, Kräutern der Provence und der Zitronenschale würzen und mit Salz, Pfeffer und Muskatnuß abschmecken.

5. Die Kapern und die Sardellenfilets sehr fein hacken und unter die Terrinenmasse ziehen.

6. Den restlichen fetten Speck in dünne Scheiben schneiden und eine Pastetenform mit einem Teil davon auslegen. Die Farce einfüllen und mit den restlichen Speckscheiben abdecken. Mit den Lorbeerblättern garnieren.

7. Die Pastetenform verschließen, in ein Wasserbad stellen und in dem auf 160 °C vorgeheizten Backofen 2 bis 2½ Stunden garen.

8. Die Terrine herausnehmen, erkalten lassen und in Scheiben geschnitten servieren.

Gänseleberterrine

400 g frische Gänseleber
1 kleine Dose Trüffel (12,5 g)
4 cl Madeira
250 g feines Kalbshack
2 Eigelb
2 Zwiebeln
100 g frische Champignons
Saft von ½ Zitrone
2 zerdrückte Knoblauchzehen
1 Tasse Weißwein
2 Lorbeerblätter
1 Zweig Thymian
1 Zweig Oregano
½ Tasse Sahne
Salz nach Belieben
frisch gemahlener weißer Pfeffer
1 Prise Muskatnuß
300 g fetter Speck

1. Die küchenfertige Gänseleber auf eine Arbeitsfläche legen, die Trüffel gut abtropfen lassen und die Gänseleber damit spicken.
2. Die gespickte Gänseleber in eine Schüssel legen und mit Madeira beträufeln. Zugedeckt im Kühlschrank 15 bis 20 Minuten ziehen lassen.
3. Das Kalbshack in eine Schüssel geben und die Eigelbe darunterziehen.
4. Die Zwiebeln schälen, fein hakken und in einen Topf geben.
5. Die Champignons putzen, waschen, klein schneiden, mit Zitronensaft beträufeln und mit dem Knoblauch zu den Zwiebeln geben. Das Ganze mit Weißwein auffüllen.
6. Die Lorbeerblätter, den Thymian und den Oregano dazugeben und zugedeckt bei mäßiger Hitze 8 bis 10 Minuten köcheln lassen.
7. Die Lorbeerblätter, den Thymian und den Oregano herausnehmen und das Ganze im Mixer oder mit dem Pürierstab pürieren.
8. Den Gemüsesud vollständig erkalten lassen und mit der Sahne unter das Kalbshack ziehen.
9. Das Brät mit Salz und weißem Pfeffer sowie einer Prise Muskatnuß kräftig abschmecken.
10. Den fetten Speck in dünne Scheiben schneiden und eine Pastetenform mit einem Teil davon auslegen.
11. Eine Schicht der Farce einfüllen. Die Gänseleber hineindrükken, mit dem restlichen Brät überziehen und glattstreichen.
12. Die Terrine mit den restlichen Speckscheiben abdecken. Die Form verschließen, in ein Wasserbad stellen und in den auf 160 °C vorgeheizten Backofen 2 bis 2½ Stunden garen.
13. Die Terrine herausnehmen, erkalten lassen und in Scheiben geschnitten servieren.
(Farbtafel 8, siehe Seite 65)

Hausgemachtes Corned beef

Für den Sud:

- ½ l Salzwasser
- 1 Flasche Rotwein
- 2 Bund Suppengemüse
- 2 Lorbeerblätter
- 1 TL Nelken
- 1 EL Wacholderbeeren
- 1 EL schwarze Pfefferkörner
- 1 EL Pimentkörner
- je 1 Zweig Rosmarin, Thymian und Estragon

Außerdem:

- 1 kg mild gepökeltes Rindfleisch
- ½ l Kochsud
- 250 g frische Champignons
- 6–8 Essiggurken
- ½ Tasse Rotweinessig
- 12 Blatt weiße Gelatine
- Salz nach Belieben
- frisch gemahlener Pfeffer

1. Das Salzwasser und den Rotwein in einem Topf erhitzen.

2. Das Suppengemüse putzen und mit den Würzzutaten für den Sud dazugeben. Bei mäßiger Hitze 5 Minuten köcheln lassen.

3. Das Rindfleisch unter fließendem Wasser waschen, in den Sud geben und das Ganze bei mäßiger Hitze 90 bis 100 Minuten garziehen lassen.

4. Das Fleisch anschließend aus dem Sud nehmen und in Würfel schneiden. ½ l Kochsud abmessen und durch ein Sieb in einen anderen Topf passieren.

5. Diesen Sud nochmals erhitzen. Die Champignons putzen, waschen und in feine Würfel schneiden. Die Essiggurken ebenfalls fein würfeln und beides in den Sud geben.

6. Den Rotweinessig unterrühren, das Ganze vom Feuer nehmen und die eingeweichte und gut ausgedrückte Gelatine darin auflösen.

7. Das Fleisch in eine Kastenform geben, den Sud darübergießen.

8. Mit einer Gabel alles gut vermischen, würzen und im Kühlschrank erstarren lassen.

(Farbtafel 8, siehe Seite 65)

Grützwurst

2 l Wurstbrühe (Kesselsuppe)
200 g Schwarten
200 g mageres Schweinefleisch
500 g Graupen, 2 Zwiebeln
2 Lorbeerblätter
1 EL Piment
2 EL Majoran
1 TL Muskatnuß
2 EL weißer Pfeffer
Salz nach Belieben
400 g Grieben
1 l Schweineblut

1. Die Wurstbrühe in einem Topf erhitzen.
2. Die Schwarten und das Schweinefleisch unter fließendem Wasser abwaschen und in die Wurstbrühe geben.
3. Die Graupen und die geschälten, fein gehackten Zwiebeln hinzufügen.
4. Die Gewürze ebenfalls in die Brühe geben und diese mit Salz kräftig abschmecken. Bei mäßiger Hitze 1½ Stunden köcheln lassen.
5. Das Fleisch und die Schwarten anschließend herausnehmen und durch die feine Scheibe des Fleischwolfes drehen.
6. Den Topf vom Feuer nehmen und den Sud leicht erkalten lassen. Das Fleisch, die Grieben und das Schweineblut daruntermischen.
7. Die Wurstmasse in vorbereitete Därme von mittlerem Kaliber füllen und in siedendem Wasser 10 bis 15 Minuten ziehen lassen.
8. Die Temperatur drosseln und das Ganze bei 85 °C etwa 1 bis 1½ Stunden garen.
9. Die Wurst anschließend herausnehmen und 2 bis 3 Tage zum Trocknen aufhängen.
(Farbtafel 8, siehe Seite 65)

Gesalzener Würzspeck

1 kg Rückenspeck
35 g Salz
1 EL Wacholderbeeren
1 EL Pimentkörner
2 EL schwarze Pfefferkörner
2 Lorbeerblätter
2 EL Paprikapulver, edelsüß

1. Den Rückenspeck auf eine Arbeitsfläche legen und an eine Ecke des Specks eine Wurstschnur so befestigen, daß man ihn aufhängen kann.
2. Das Salz in eine Schüssel geben. Die Gewürzkörner und die Lorbeerblätter im Mörser zermahlen und mit dem Salz und dem Paprikapulver gut vermischen.
3. Den Rückenspeck mit der Gewürzmischung kräftig einreiben und für 3 bis 4 Wochen zum Trocknen an einem trockenen luftigen Ort aufhängen.

Rezeptverzeichnis

NÜTZLICHE RATGEBER

EINE AUSWAHL

Stand: Frühjahr 1990

Essen und Trinken

Meine feine Bürgerliche Küche
(**4411**-4) Von E. Falout, 160 S., 119 Farbfotos, Pappband. ●●●

Essen in Hessen
Spezialitäten zwischen Schwalm und Odenwald. (**0837**-X) Von R. Witt, 120 S., 10 s/w-Zeichnungen, Pappband. ●●

Kochen für 1 Person
Rationell wirtschaften, abwechslungsreich und schmackhaft zubereiten. (**0586**-5) Von M. Nicolin, 104 S., 8 Farbtafeln, 23 Zeichnungen, kart. ●

Schnell und individuell
Die raffinierte Single-Küche
(**4266**-3) Von F. Faist, 160 S., 151 Farbfotos, Pappband. ●●●

Für Kenner und Genießer **Lamm**
(**1090**-7) Von H. Imhof, 64 S., 50 Farbfotos, Pappband. ●

Frischer Fang aus Fluß und Meer **Fisch**
(**0964**-X) Von L. Grieser, 64 S., 69 Farbfotos, Pappband. ●

Edler Kern in harter Schale **Meeresfrüchte**
(**0886**-4) Von L. Grieser, 48 S., 52 Farbfotos, Pappband. ●

Gaumenfreuden Tag für Tag
Pfannengerichte
(**1007**-9) Von S. Fabke, 64 S., 54 Farbfotos, Pappband. ●

Von Tatar und falschen Hasen **Hackfleisch**
(**0866**-X) Von A. und G. Eckert, 64 S., 42 Farbfotos, Pappband. ●

Aus eigener Küche **Gute Wurst**
(**0948**-8) Von J. Bessel, G. Quaas, 80 S., 8 Farbtafeln, kart. ●

Aus lauter Lust und Liebe **Knoblauch**
(**0867**-8) Von L. Reinirkens, 64 S., 45 Farbfotos, Pappband. ●

Kochen und würzen mit **Knoblauch**
(**0725**-6) Von A. und G. Eckert, 96 S., 8 Farbtafeln, kart. ●

Kochen und würzen mit **Paprika**
(**0792**-2) Von A. und G. Eckert, 88 S., 8 Farbtafeln, kart. ●

Bintje, Irmgard und Sieglinde
Kartoffeln
(**1032**-X) Von S. Fabke, 64 S., 43 Farb- und 1 s/w-Foto, Pappband. ●

Nudelgerichte
– lecker, locker, leicht zu kochen. (**0466**-4) Von C. Stephan, 80 S., 8 Farbtafeln, kart. ●

Pasta in Höchstform **Nudeln**
(**0884**-8) Von M. Kirsch, 64 S., 62 Farbfotos, Pappband. ●

Kräftig klar und cremig zart **Feine Suppen**
(**1031**-1) Von H. Imhof, 64 S., 48 Farbfotos, Pappband. ●

Herzhaftes für Leib und Seele **Eintöpfe**
(**0820**-1) Von P. Klein, 48 S., 30 Farbfotos, Pappband. ●

Spezialitäten unter knuspriger Decke
Aufläufe
(**0882**-1) Von C. Adam, 48 S., 33 Farbfotos, Pappband. ●

In Hülle und Fülle **Pasteten und Terrinen**
(**0883**-X) Von M. Kirsch, 48 S., 62 Farbfotos, Pappband. ●

Die Krönung der feinen Küche **Saucen**
(**0817**-1) Von G. Cavestri, 48 S., 40 Farbfotos, Pappband. ●

Schlank und köstlich **Spargel**
(**1005**-2) Von M. Kirsch, 64 S., 44 Farbfotos, Pappband. ●

Von Aubergine bis Zucchini **Gemüse**
(**1061**-3) Von H. Cohrs, 64 S., 39 Farbfotos, Pappband. ●

Statt Breakfast und Lunch **Brunch**
(**1033**-8) Von C. Adam, 64 S., 49 Farbfotos, Pappband. ●

Kochen in höchster Vollendung
Aus vier Elementen ist alles zusammengefügt (Theophrast). (**4291**-4) Von M. Wissing, M. Kirsch, 160 S., 230 Farbfotos, Leinen geprägt mit Schutzumschlag, im Schuber, **DM 98,–**, S 784.–, Fr 94,10

Mit Lust und Liebe
Kochen mit den Meistern
(**4445**-3) 176 S., 132 Farbfotos, 50 Graffiti, Pappband. ●●●●

Zaubern mit der schnellen Welle
Die neue Mikrowellenküche
(**4289**-2) Von F. Faist, 208 S., 188 Farbfotos, Pappband. ●●●

Ganz und gar mit Mikrowellen
(**4094**-6) Von T. Peters, 208 S., 24 Farbfotos, 12 Zeichnungen, kart. ●●●

Schnell auf den Tisch gezaubert
Kochen mit Mikrowellen
(**0818**-X) Von A. Danner, 64 S., 52 Farbfotos, Pappband. ●

Das neue Mikrowellen-Kochbuch
(**0434**-6) Von H. Neu, 80 S., 4 Farbtafeln, 16 s/w Zeichnungen, kart. ●

Knusprig braten und backen im
Mikrowellen-Kombigerät
(**0996**-X) Von T. Peters, 128 S., 108 Farbfotos, kartoniert. ●●

Leicht und vitaminreich
Vegetarische Mikrowellenküche
(**0995**-X) Von F. Faist, 118 S., 103 Farbfotos, kartoniert. ●●

Schnell und individuell
Mikrowellenküche für Singles
(**0997**-6) Von A. Görgens, 118 S., 103 Farbfotos, kartoniert. ●●

Vom ersten Versuch zum Menü
Mikrowellenküche leicht gemacht
(**0994**-1) Von T. Peters, 112 S., 100 Farbfotos, kartoniert. ●●

Zart gedünstet, schonend gegart
Fischgerichte aus der Mikrowellenküche
(**1092**-3) Von A. Ilies, 96 S., 105 Farbfotos, kartoniert. ●●

Köstliches ganz schnell gezaubert
Aufläufe aus der Mikrowellenküche
(**1093**-1) Von K. Kruse-Schorling, 96 S., 100 Farbfotos, kartoniert. ●●

Natürlich Kochen im
Mikrowellen-Römertopf
(**0947**-X) Von F. Faist, 96 S., 8 Farbt., kart. ●

Köstliches aus dem Tontopf
(**0442**-7) Von A. u. G. Eckert, 80 S., 8 Farbtafeln, kart. ●

Das neue Fritieren
geruchlos, schmackhaft und gesund. (**0365**-X) Von P. Kühne, 88 S., 8 Farbtafeln, kart. ●

Goldbraun und knusprig
Fritierte Leckerbissen
(**0868**-6) Von F. Faist, 64 S., 47 Farbfotos, Pappband. ●

Schnell und gut gekocht
Die tollsten Rezepte für den Schnellkochtopf. (**0265**-3) Von J. Ley, 96 S., 8 Farbtafeln, kart. ●

Italienische Vorspeisen **Antipasti**
(**1006**-0) Von S. Reiter-Westphal, 64 S., 47 Farbfotos, Pappband. ●

Pizza, Pasta und die feine italienische Küche
(**4270**-1) Von R. Rudatis, 120 S., 255 Farbfotos, Pappband. ●●

Schlemmerreise durch die
Italienische Küche
(**4172**-1) Von V. Pifferi. 160 S., 109 Farbfotos, Pappband. ●●●

Schlemmen wie bei Mamma Maria
Pizzas
(**0815**-5) Von F. Faist, 64 S., 62 Farbfotos, Pappband. ●

Spaghetti, Tagliatelle + Co.
Pasta all'italiana
(**1004**-4) Von I. Seyric, 64 S., 57 Farbfotos, Pappband. ●

Pikantes und Süßes mit französischem Charme **Bistro-Küche**
(**4428**-3) Von V. Müller, 160 S., 130 Farbfotos, Pappband. ●●●

Schlemmerreise durch die
Französische Küche
(**4296**-5) Von H. Imhof, 160 S., 147 Farbfotos, 3 s/w-Fotos, Pappband. ●●●

Schlemmerreise durch die
Chinesische Küche
(**4184**-5) Von K. H. Jen, 160 S., 117 Farbfotos, Pappband. ●●●

Verheißungsvoll fernöstlich
Spezialitäten aus dem Wok
(**0933**-X) Von H. K. Jen, 64 S., 56 Farbfotos, Pappband. ●

Mit Lust und Liebe **Chinesisch Kochen**
(**4441**-0) Von Ho Fu-Lung, Uli Franz, 176 S., 189 Farbfotos, 29 Zeichnungen, Pappband. ●●●●

Chinesisch kochen
mit dem Wok- und Mongolentopf. (**0557**-1) Von C. Korn, 64 S., 8 Farbt., kart. ●

Die hier vorgestellten Bücher, Videokassetten und Software sind in folgende Preisgruppen unterteilt:

● Preisgruppe bis DM 10,–/S 79,–/SFr.10
●● Preisgruppe über DM 10,– bis DM 20,– S 80,– bis S 160,– SFr. 10,– bis SFr. 20,–
●●● Preisgruppe über DM 20,– bis DM 30,– S 161,– bis S 240,– SFr. 20,– bis SFr. 29,–
●●●● Preisgruppe über DM 30,– bis DM 50,– S 241,– bis S 400,– SFr. 29,– bis SFr. 48,–
●●●●● Preisgruppe über DM 50,–/S 401,–/SFr.48,–
*(unverbindliche Preisempfehlung)

Die Preise entsprechen dem Status beim Druck dieses Verzeichnisses (s. Seite 1) – Änderungen, im besonderen der Preise, vorbehalten –

Falken-Verlag GmbH · Postfach 1120 D-6272 Niedernhausen/Ts. · Tel.: 06127/7020

Mehr Freude und Erfolg beim **Grillen**
(**4141**-1) Von A. Berliner, 160 S., 147 Farbfotos, 10 farbige Zeichnungen, Pappband. ●●●

Köstliches von Rost und Spieß **Grillen**
(**0931**-3) Von A. Kalcher-Dähn, H. K. Kalcher, 64 S., 43 Farbfotos, Pappband. ●

Bocuse à la carte
Französisch kochen mit dem Meister.
(**4237**-X) Von P. Bocuse, 88 S., 218 Farbfotos, Pappband. ●

Französische Küche
(**0685**-2) Von M. Gutta, 96 S., 16 Farbt., kart. ●

Fondues · Raclettes · Flambiertes
(**4081**-4) Von R. Peiler und M.-L. Schult, 136 S., 15 Farbtafeln, 28 Zeichnungen, kart. ●●

Fondues
und fritierte Leckerbissen. (**0471**-0) Von S. Stein, 96 S., 8 Farbtafeln, kart. ●

Rezepte rund um Raclette und Doppeldecker
(**0420**-6) Von J. W. Hochscheid, 72 S., 8 Farbtafeln, kart. ●

Schlemmen in geselliger Runde
Fleischfondues
(**0966**-6) Von M. Spötter, 64 S., 62 Farbfotos, Pappband. ●

Fondues und Raclettes
(**4253**-1) Von F. Faist, 160 S., 125 Farbfotos, Pappband. ●●●

Neue, raffinierte Rezepte mit dem Raclette-Grill
(**0558**-X) Von L. Helger, 72 S., 8 Farbt., kart. ●

Schmelzendes Käsevergnügen **Raclette**
(**0881**-3) Von F. Faist, 48 S., 33 Farbfotos, Pappband. ●

Kulinarischer Feuerzauber **Flambieren**
(**4294**-9) Von R. Wesseler, 120 S., 100 Farbfotos, Pappband. ●●●

Das köstliche knackige Schlemmervergnügen **Salate**
(**4165**-9) Von V. Müller, 160 S., 80 Farbfotos, Pappband. ●●●

Köstliche Salate zum Verwöhnen
(**0222**-X) Von C. Schönherr, 96 S., 8 Farbtafeln, 30 Zeichnungen, kart. ●

Frisch und leicht als Hauptgericht
Schlemmersalate
(**0934**-8) Von C. Adam, 64 S., 49 Farbfotos, Pappband. ●

Köstlich frisch auf den Tisch
Rohkostsalate
(**0865**-1) Von C. Adam, 48 S., 26 Farbfotos, Pappband. ●

Raffiniert und gesund würzen
Kräuterküche
(**0869**-4) Von A. Görgens, 48 S.,43 Farbfotos, Pappband. ●

Miekes Kräuter- und Gewürzkochbuch
(**0323**-4) Von I. Persy, K. Mieke, 88 S., 4 Farbtafeln, kartoniert. ●

Joghurt, Quark, Käse und Butter
Schmackhaftes aus Milch hausgemacht.
(**0739**-6) Von M. Bustorf-Hirsch, 32 S., 59 Farbabb., Pappband. ●

Gesund und vielseitig **Alles mit Joghurt**
täglich selbstgemacht, mit vielen Rezepten.
(**0382**-6) Von G. Volz, 64 S., 8 Farbt., kart. ●

Locker, flockig, leicht…
Müsli & Co
(**0965**-8) Von C. Adam, 64 S., 42 Farbfotos, Pappband. ●

Bärenstark und kerngesund
Vollwertkost für Kinder
(**0968**-2) Von S. Reiter, 64 S., 44 Farbfotos, Pappband. ●

Gesunde Ernährung für mein Kind
(**0776**-6) Von M. Bustorf-Hirsch, 112 S., 8 Farbtafeln, 5 s/w-Zeichnungen, kart. ●

Das Getreidemühlenkochbuch
(**1017**-6) Von M. Burstorf-Hirsch, 112 S., 8 Farbtafeln, kartoniert. ●

Meine Vollkornküche
Herzhaftes von echtem Schrot und Korn
(**0858**-9) Von S. Walz, 96 S., 8 Farbt., kart. ●

Die abwechslungsreiche Vollwertküche
Vitaminreich und naturbelassen kochen und backen. (**4229**-9) Von M. Bustorf-Hirsch, K. Siegel, 280 S., 31 Farbtafeln, 78 Zeichnungen, Pappband. ●●●●

Die verlockende Alternative
Süße Vollwertküche
(**0936**-4) Von A. Roßmeier, 64 S., 50 Farbfotos, Pappband. ●

Die gesunde Art, sich zu verwöhnen
Vollwertküche für Singles
(**0937**-2) Von A. Görgens, 64 S., 43 Farbfotos, Pappband. ●

Dinkel, Hirse, Roggenkorn…:
Kerniges aus der Getreideküche
(**0932**-1) Von S. Frank, 64 S., 49 Farbfotos, Pappband. ●

Die feine Vollwertküche
(**4286**-8) Von M. Bustorf-Hirsch, 160 S., 83 Farbfotos, Pappband. ●●●

Mit Lust und Liebe…
Vollwertküche für Genießer
(**4412**-4) Von Prof. Dr. C. Leitzmann, H. Million, 256 S., 329 Farbfotos, Pappband. ●●●●

Naturküche à la carte
(**4406**-2) Von M. Wissing, M. Kirsch, 160 S., 179 Farbfotos, Pappband. ●●●●

Biologische Ernährung
für eine natürliche und gesunde Lebensweise. (**4125**-X) Von G. Leibold, 136 S., 15 Farbtafeln, 47 Zeichnungen, kart. ●●

Die feine Vegetarische Küche
(**4235**-3) Von F. Faist, 160 S., 191 Farbfotos, Pappband. ●●●

Schmackhafte Vollwertkost ohne tierisches Eiweiß
(**0993**-3) Von M. Bustorf-Hirsch, 96 S., 54 Farbfotos, kartoniert. ●●

Cholesterinarm kochen und genießen
(**4442**-9) Von R. Unsorg, 168 S., 132 Farbfotos, kartoniert. ●●●

Die aktuelle **Cholesterintabelle**
(**1088**-5) Von Dr. H. Oberritter, 84 S., 12 zweifarbige Grafiken, kartoniert. ●

Würzig kochen ohne Salz
(**0922**-4) Von S. Roediger-Streubel, 160 S., 16 Farbtafeln, kart. ●●

Alternativ essen
Die gesunde Sojaküche.
(**0553**-9) Von U. Kolster, 112 S., 8 Farbt., kart. ●

Kochen mit Tofu
Die gesunde Alternative.
(**0894**-5) Von U. Kolster, 80 S., 8 Farbtafeln, kart. ●

Gesund kochen mit Keimen und Sprossen
(**0794**-9) Von M. Bustorf-Hirsch, 96 S., 4 Farbtafeln, 13 s/w-Zeichnungen, kart. ●

Keime und Sprossen in der Naturküche
(**4299**-X) Von M. Bustorf-Hirsch, 96 S., 144 Farbfotos, Pappband. ●●

Backen mit Lust und Liebe
(**4284**-1) Von M. Schumacher, R. Krake, 242 S., 348 Farbfotos, 18 farb. Vignetten, 3 vierseitige Ausklapptafeln, Pappband. ●●●●

Tortenträume und Kuchenfantasien
Gebackene Köstlichkeiten originell dekoriert und verziert.
(**0823**-6) Von F. Faist, 80 S., 150 Farbfotos, kart. ●●

Waffeln
Hörnchen, Pfannkuchen und Crêpes.
(**0522**-9) Von C. Stephan, 64 S., 8 Farbtafeln, kart. ●

Mehr Freude und Erfolg beim
Brotbacken
(**4148**-9) Von A. und G. Eckert, 160 S., 177 Farbfotos, Pappband. ●●●

Selbst Brotbacken
Über 50 erprobte Rezepte.
(**0370**-6) Von A. und G. Eckert, 80 S., 4 Zeichnungen, 4 Farbtafeln, kart. ●

Meine Vollkornbackstube
Brot · Kuchen · Aufläufe. (**0616**-0) Von R. Raffelt, 96 S., 4 Farbtafeln, 12 Zeichnungen, kart. ●

Mit Körnern, Zimt und Mandelkern
Vollkorngebäck
(**0816**-3) Von M. Bustorf-Hirsch, 48 S., 39 Farbfotos, Pappband. ●

Knusprig, kernig, urgesund **Vollkornbrot**
(**0938**-0) Von S. Reiter, 64 S., 46 Farbfotos, Pappband. ●

Weihnachtsbäckerei
Köstliche Plätzchen, Stollen, Honigkuchen und Festtagstorten.
(**0682**-9) Von M. Sauerborn, 32 S., 34 Farbfotos, Pappband. ●

Meine Weihnachtsbackstube
(**5163**-8) Von M. Sauerborn, 32 S., 23 Farbfotos, mit Vorlagebogen in Originalgröße, kart. ●

Süße Verführungen **Desserts**
(**0885**-6) Von M. Bacher, 64 S., 75 Farbfotos, Pappband. ●

Süße Geheimnisse eiskalt gelüftet
Eis und Sorbets
(**0870**-8) Von H. W. Liebheit, 48 S., 38 Farbfotos, Pappband. ●

Raffiniertes mit
Eis
Drinks/Desserts/Eissorten
(**1029**-X) Von. F. Hoffmann, 64 S., 74 Farbfotos, Pappband. ●

Zart schmelzende Versuchungen
Schokolade
(**0819**-8) Von J. Schroer, 48 S., 53 Farbfotos, Pappband. ●

Mitbringsel aus meiner Küche
selbst gemacht und liebevoll verpackt.
(**0668**-3) Von C. Schönherr, 32 S., 30 Farbfotos, Pappband. ●

Marmeladen, Gelees und Konfitüren
Köstlich wie zu Omas Zeiten – einfach selbstgemacht. (**0720**-5) Von M. Gutta, 32 S., 23 Farbfotos, 1 Zeichnung, Pappband. ●

Einkochen, Einlegen, Einfrieren
(**4055**-5) Von B. Müller, 152 S., 27 s/w.-Abb., 16 Farbtafeln, kart. ●●

Haltbarmachen in der Öko-Küche
Gesunde Konservierungsmethoden für Obst, Gemüse, Kräuter und Pilze. (**0923**-2) Von M. Bustorf-Hirsch, 120 S., 92 Farbabb., kart. ●●

Komm, koch und back mit mir
Kunterbuntes Kochvergnügen für Kinder.
(**4285**-X) Von S. und H. Theilig, illustriert von B. v. Hayek, 112 S., 45 Farbabb., Pappband. ●●

Kinder lernen spielend backen
(**5110**-7) Von M. Gutta, 64 S., 50 Farbfotos, Pappband. ● ●

Kinder lernen spielend kochen
Lieblingsgerichte mit viel Spaß selbst zubereitet
(**5096**-8) Von M. Gutta, 64 S., 45 Farbfotos, Pappband. ●●

Mit Lust und Liebe **Kalte Platten & Buffets**
Anrichten und Garnieren
(**4427**-5) Von P. Grotz, 176 S., 228 Farbfotos, Pappband. ●●●●

Garnieren und Verzieren
(**4236**-1) Von R. Biller, 160 S., 329 Farbfotos, 57 Zeichnungen, Pappband. ●●●

Köstlichkeiten für Gäste und Feste
Kalte Platten
(**4200**-0) Von I. Pfliegner, 160 S., 130 Farbfotos, Pappband. ●●●

Wenn Gäste kommen…
Kalte Küche
(**1060**-5) Von A. Ilies, 64 S., 49 Farbfotos, Pappband. ●

Fein und raffiniert
Canapés und kleine Köstlichkeiten
(**0963**-1) Von H. Imhof, 64 S., 53 Farbfotos, Pappband. ●

Festlich kochen und backen
für Advent und Weihnachten
(**4443**-7) Von A. Guter, 96 S., 66 Farbfotos, 1 s/w-Foto, Pappband. ●●

Der perfekt gedeckte Tisch
(**1028**-1) Von H. Tapper, 80 S., 161 Farbfotos, 13 Zeichnungen, kartoniert. ●●

Der schön gedeckte Tisch
Vom einfachen Gedeck bis zur Festtafel stimmungsvoll und perfekt arrangiert.
(**4246**-1) Von H. Tapper, 112 S., 206 Farbfotos, 21 s/w-Abbildungen, Pappband. ●●●

Servietten falten
80 Ideen für schön gedeckte Tische
(**1042**-7) Von M. Müller, O. Mikolasek, 80 S., 289 Farbfotos, 50 Zeichnungen, kartoniert. ●●

Phantasievolle Tischdekorationen selber machen
(**0984**-4) Von Y. Thalheim, H. Nadolny, 80 S., 174 Farbfotos, 21 Zeichnungen, kart. ●●

Tischkarten dekorativ gestalten
aus allerlei Material für viele Anlässe
(**0946**-1) Von H. York, 32 S., 108 Farbfotos, Pappband. ●

Servietten dekorativ falten
Geschmackvolle Anregungen aus Stoff und Papier. (**0804**-X) Von H. Tapper, 32 S., 134 Farbfotos, Pappband. ●

Tee für Genießer
Sorten · Riten · Rezepte. (**0356**-0) Von M. Nicolin, 64 S., 4 Farbtafeln, kart. ●

Weinlexikon
Wissenswertes über die Weine der Welt.
(**4149**-7) Von U. Keller, 228 S., 6 Farbtafeln, 395 s/w-Fotos, Pappband. ●●●

Weine und Säfte, Liköre und Sekt
selbstgemacht. (**0702**-7) Von P. Arauner, 232 S., 76 Abb., kart. ●●

Fruchtig, spritzig, eisgekühlt
Mixen ohne Alkohol
(**0935**-6) Von S. Späth, 64 S., 44 Farbfotos, Pappband. ●

Cocktails
(**4267**-1) Von W. R. Hoffmann, W. Hubert, U. Lottring, 160 S., 164 Farbfotos, 1 s/w-Foto, Pappband. ●●●

Cocktails und Mixereien
für häusliche Feste und Feiern. (**0075**-8) Von J. Walker, 96 S., 4 Farbtafeln, kart. ●

Neue Cocktails und Drinks
mit und ohne Alkohol. (**0517**-2) Von S. Späth, 128 S., 4 Farbtafeln, kart. ●

Die besten Punsche, Grogs und Bowlen
(**0575**-X) Von F. Dingden, 64 S., 4 Farbt., kart. ●

SLIM
Der neue, individuelle Schlankheitsplan
(**4277**-9) Von Prof. Dr. E. Menden, W. Aign 120 S., 440 Farbfotos, Pappband. ●●●

Schlank werden nach Dr. Hay **Trennkost**
Die bewährten Vollwert-Rezepte von Ursula Summ. (**4298**-1) Von U. Summ, 96 S., 54 Farbfotos, 1 Zeichnung, kart. ●●

Eßlust statt Diätfrust
Die Pfundskur
(**1102**-4) Von Prof. Dr. V. Pudel, 144 S., 8 s/w-Zeichnungen, 4 Vignetten, kartoniert. ●

Vitamine und Ballaststoffe
So ermittle ich meinen täglichen Bedarf
(**0746**-9) Von Prof. Dr. M. Wagner, I. Bongartz, 96 S., 6 Farbfotos, zahlreiche farb. Tabellen, kart. ●

Kalorien – Joule
Eiweiß · Fett · Kohlenhydrate tabellarisch nach gebräuchlichen Mengen. (**0374**-9) Von M. Bormio, 88 S., kart. ●

Hobby und Freizeit

Falken-Handbuch
Zeichnen und Malen
(**4167**-5) Von B. Bagnall, 336 S., 1154 Farbabb., Pappband. ●●●●●

Das große farbige PLAKA-Buch
Malen und Basteln
(**4402**-X) Von H.-J. Giesecke, 192 S., 224 Farbfotos, 20 Farb- und 4 s/w-Zeichnungen, Pappband. ●●●

Einmal grad und einmal krumm
Zeichenstunden für Kinder. (**0599**-7) Von H. Witzig, 144 S., 363 Abb. kart. ●

Punkt, Punkt, Komma, Strich
Zeichenstunden für Kinder
(**0564**-4) Von H. Witzig, 144 S., über 250 Zeichnungen, kart. ●

Figürliches Zeichnen
leicht gemacht
(**1010**-9) Von H. Witzig, 112 S., 462 Figuren, kartoniert. ●

Spielend zeichnen lernen mit den Montagsmalern
(**0974**-7) Von G. Lages, Sigi-Harreis, 112 S., 326 s/w-Zeichnungen, kartoniert. ●●

Kalligraphie
Die Kunst des schönen Schreibens
(**4263**-9) Von C. Hartmann, 120 S., 44 Farbvorlagen, 29 s/w-Vorlagen, 2 s/w-Zeichnungen, 38 Farbfotos, Pappband. ●●●●

Gestalten mit Schrift
Kalligraphie
(**1044**-3) Von I. Schade, 80 S., 2 Farb- und 1 s/w Foto, 143 Farbzeichnungen, kartoniert. ●●

Aquarellmalerei
als Kunst und Hobby (**4147**-0) Von H. Haack, B. Wersche, 136 S., 62 Farbfotos, 119 Zeichnungen, Pappband. ●●●●

Aquarellmalerei leicht gelernt
Materialien · Techniken · Motive.
(**0787**-6) Von T. Hinz, R. Braun, B. Zeidler, 32 S., 38 Farbfotos, 1 Zeichn., Pappband. ●

Hobby Aquarellmalen
Landschaft und Stilleben. (**0876**-7) Von I. Schade, A. Brück, 80 S., 111 Farbabb., kart. ●●

Hobby Ölmalerei
Landschaft und Stilleben. (**0875**-9) Von H. Kämper, I. Becker, 80 S., 93 Farbabb., kart. ●●

Hobby Bauernmalerei
(**0436**-2) Von S. Ramos und J. Roszak, 80 S., 116 Farbf. und 28 Motivvorlagen, kart. ●●

Bauernmalerei
Kreatives Hobby nach alter Volkskunst
(**5039**-9) Von S. Ramos, 64 S., 85 Farbfotos, Pappband. ●●

Seidenmalerei in Vollendung
(**4414**-3) Hrsg. von R. Smend, 160 S., 227 Farbfotos, 36 s/w-Fotos, geprägter Leineneinband mit Schutzumschlag, im Schuber, **DM 98,–**, S 784,–, Fr 90,20

Seidenmalerei als Kunst und Hobby
(**4264**-7) Von S. Hahn, 136 S., Farbabb., 1 s/w-Foto, Pappband. ●●●●

Hobby Seidenmalerei
(**0611**-X) Von R. Henge, 88 S., 106 Farbfotos, 28 Zeichnungen, kart. ●●

Neue zauberhafte Seidenmalerei
Motive und Anregungen aus der Natur.
(**0924**-0) Von R. Henge, 80 S., 148 Farbfotos, 27 s/w-Zeichnungen, kart. ●●

Kunstvolle Seidenmalerei
Mit zauberhaften Ideen zum Nachgestalten
(**0783**-3) Von I. Demharter, 32 S., 56 Farbfotos, Pappband. ●

Zauberhafte Seidenmalerei
Materialien · Techniken · Gestaltungsvorschläge. (**0664**-0) Von E. Dorn, 32 S., 62 Farbfotos, Pappband. ●

Aquarellieren auf Seide
Materialien · Techniken · Motive
(**0917**-8) Von I. Demharter, 32 S., 41 Farbfotos, Pappband. ●

Seidenmalerei Landschaften
(**5153**-0) Von D. Kosik, 32 S., 50 Farbfotos, 12 Zeichnungen, mit Vorlagebogen in Originalgröße, kart. ●

Seidenmalerei Kissen
(**5151**-4) Von I. Demharter, 32 S., 42 Farbfotos, 2 Zeichnungen, mit Vorlagebogen in Originalgröße, kart. ●

Seidenmalerei Blusen und T-Shirts
(**5184**-0) Von A. Keller, 32 S., 28 Farbfotos, 12 Zeichnungen, mit Vorlagebogen in Originalgröße, kartoniert. ●

Seidenmalerei Tücher und Schals
(**5152**-2) Von R. Henge, 32 S., 36 Farbfotos, 1 Zeichnung, mit Vorlagebogen in Originalgröße, kart. ●

Seidenmalerei Taschen und Gürtel
(**5194**-8) Von S. Tichy-Gibley, 32 S., 30 Farbfotos, 8 Farbzeichnungen, mit Vorlagebogen in Originalgröße, kartoniert. ●

Seidenmalerei Lampenschirme
(**5154**-9) Von I. Walter-Ammon, 32 S., 47 Farbfotos, 1 Zeichnung, mit Vorlagebogen in Originalgröße, kart. ●

Seidenmalerei Blüten, Blätter, Ranken
(**5165**-4) Von D. Kosik, 32 S., 35 Farbfotos, 4 Zeichnungen, mit Vorlagebogen in Originalgröße, kart. ●

Seidenmalerei Schmuckkarten und Miniaturbilder
(**5166**-2) Von I. Walter-Ammon, 32 S., 37 Farbfotos, 2 Zeichnungen, mit Vorlagebogen in Originalgröße, kart. ●

Seidenmalerei Bilder in Konturentechnik
(**5182**-4) Von I. Demharter, 32 S., 28 Farbfotos, 2 Zeichnungen, mit Vorlagebogen in Originalgröße, kartoniert. ●

Falken-Handbuch **Häkeln**
ABC der Häkeltechniken und Häkelmuster in ausführlichen Schritt-für-Schritt-Bildfolgen.
(**4194**-2) Von H. Fuchs, M. Natter, 288 S., 1073 Farbabb., Pappband. ●●●●

Das moderne Standardwerk von der Expertin
Perfekt Stricken
Mit Sonderteil Häkeln. (**4250**-2) Von H. Jaacks, 256 S., 703 Farbfotos, 169 Farb- und 121 s/w-Zeichnungen, Pappband. ●●●

Falken-Handbuch **Stricken**
ABC der Stricktechniken und Strickmuster in ausführlichen Schritt-für-Schritt-Bildfolgen. (**4137**-3) Von M. Natter, 312 S., 106 Farb- und 922 s/w-Fotos, 318 Zeichnungen, Pappband. ●●●●

Hobby Patchwork und Quilten
(**0768**-X) Von B. Staub-Wachsmuth, 80 S., 108 Farbabb., 43 Zeichnungen, kart. ●●

Hobby Applikationen
Materialien · Techniken · Modelle
(**0899**-6) Von H. Probst-Reinhardt, 80 S., 92 Farbfotos, 31 Zeichnungen, kart. ●●

Hobby Spitzencollagen
Bezaubernde Motive aus edlem Material
(**0847**-3) Von H. Westphal, 80 S., 186 Farbfotos, kart. ●●

Falken-Handbuch **Nähen**
Abc der Nähtechniken und kreative Modellschneiderei in ausführlichen Schritt-für-Schritt-Bildfolgen. (**4272**-8) Von A. Bree, 320 S., 1142 Abbildungen, Schnittmusterbogen für alle Modelle, Pappband. ●●●●

Marionetten
selbst bauen und führen
(**1043**-5) Von D. Köhnen, 80 S., 162 Farbfotos, mit Schnittmusterbogen, kartoniert. ●●

Zauberhafte alte Puppen
Sammeln · Restaurieren · Nachbilden
(**4255**-8) Von C.A. Stanton, J. Jacobs, 120 S., 157 Farbfotos, 24 Zeichnungen, Pappband. ●●●●

Selbstgestrickte Puppen
Materialien und Arbeitsanleitungen
(**0638**-1) Von B. Wehrle, 32 S., 21 Farbfotos, 24 Zeichnungen, Pappband. ●

Puppen zum Liebhaben
(**5199**-9) Von B. Wehrle, 32 S., 27 Farbfotos, 9 s/w-Zeichnungen, mit Vorlagebogen in Originalgröße, kartoniert. ●

Kuscheltiere stricken und häkeln
Arbeitsanleitungen und Modelle. (**0734**-5) Von B. Wehrle, 32 S., 60 Farbfotos, 28 Zeichnungen, Pappband. ●

Phantasiepuppen stricken und häkeln
Märchenhafte Modelle mit Arbeitsanleitungen. (**0813**-9) Von B. Wehrle, 32 S., 26 Farbfotos, 46 Zeichnungen, Pappband. ●

Teddybären
Sechs beliebte Modelle
(**5159**-X) Von Y. Thalheim, H. Nadolny, 32 S., 46 Farbfotos, 9 Zeichnungen, mit Vorlagebogen in Originalgröße, kart. ●

Heißgeliebte Teddybären
Selbermachen · Sammeln · Restaurieren.
(**0900**-3) Von H. Nadolny, Y. Thalheim, 80 S., 119 Farbfotos, 23 s/w-Zeichnungen, 14 S. Schnittmusterbogen, kart. ●●

Hobby Salzteig
(**0662**-4) Von I. Kiskalt, 80 S., 150 Farbfotos, 5 Zeichnungen, Schablonen, kart. ●●

Neue zauberhafte Salzteig-Ideen
(**0719**-1) Von I. Kiskalt, 80 S., 324 Farbfotos, 12 Zeichnungen, Schablonen, kart. ●●

Kreatives Gestalten mit Salzteig
Originelle Motive für Fortgeschrittene
(**0769**-8) Hrsg. I. Kiskalt, 80 S., 168 Farbfotos, kart. ●●

Originell und dekorativ
Salzteig mit Naturmaterialien
(**0833**-3) Von A. und H. Wegener, 80 S., 166 Farbfotos, kart. ●●

Salzteig kinderleicht
(**0973**-9) Von I. Kiskalt, 80 S., 224 Farbfotos, 8 Zeichnungen, kart. ●●

Töpfern
als Kunst und Hobby. (**4073**-3) Von J. Fricke, 132 S., 37 Farbfotos, 222 s/w-Fotos, Pappband. ●●●●

Kreatives Gestalten mit Ton
Töpfern ohne Scheibe – Aufbaukeramik
(**0896**-1) Von A. Riedinger, 80 S., 207 Farbfotos, 16 Zeichnungen, 7 Vignetten, kart. ●●

Kreatives Gestalten mit Ton
Töpfern auf der Scheibe
(**0971**-2) Von A. Riedlinger, 80 S., 28 Farb- und 3 s/w-Zeichng., 178 Farbfotos, kartoniert. ●●

Edles Porzellan
(**4437**-2) Von M. Lutze, Prof. E. Lessing, 160 S., 175 Farbfotos, Leineneinband, mit Schutzumschlag, im Schuber. ●●●●●

Hobby Glaskunst in Tiffany-Technik
(**0781**-7) Von N. Köppel, 80 S., 194 Farbfotos, 6 s/w-Abb., kart., ●●

Tiffany-Lampen selbermachen
Arbeitsanleitung · Materialien · Modelle
(**0684**-5) Von I. Spliethoff, 32 S., 60 Farbfotos, 19 Zeichnungen, Pappband. ●

Fensterbilder in Tiffany-Technik
(**5168**-9) Von P. Matz, 32 S., 43 Farbfotos, mit Vorlagebogen in Originalgröße, kart. ●

Tiffany-Schmuck selbermachen
Materialien · Arbeitsanleitungen · Modelle
(**0871**-6) Von B. Poludniak, H. G. Scheib, 32 S., 55 Farbfotos, Pappband. ●

Tiffany-Technik
und andere kunstvolle Arbeiten in Glas
(**0972**-0) Von. D. Köhnen, 80 S., 176 Farbfotos, 5 s/w-Zeichnungen, kart. ●●

Tiffany-Gürtelschnallen
(**5160**-3) Von G.G. Scheib, R. Grella, 32 S., 52 Farbfotos, 1 Zeichnung, mit Vorlagebogen in Originalgröße, kart. ●

Schmuck, Accessoires und Dekoratives
aus Fimo modelliert. (**0873**-2) Von A. Aurich, 32. S., 54 Farbfotos, Pappband. ●

Modeschmuck mit Federn und Straß
(**5167**-0) Von J. Niemeier, 32 S., 41 Farbfotos, mit Vorlagebogen in Originalgröße, kart. ●

Modeschmuck selbst modellieren
(**5196**-4) Von K. Eichler, 32 S., 51 Farbfotos, mit Vorlagebogen in Originalgröße, kartoniert. ●

Modeschmuck in vielen Variationen
(**5180**-8) Von A. Hahn, 32 S., 39 Farbfotos, 3 Zeichnungen, mit Vorlagebogen in Originalgröße, kartoniert. ●

Exklusiver Modeschmuck
aus dem eigenen Atelier
(**0925**-9) Von J. Niemeier, J. Klein, 80 S., 141 Farbfotos, 25 Zeichnungen, kart. ●●

Masken
phantasievoll dekorieren
(**5155**-7) Von Chr. Familler, 32 S., 48 Farbfotos, mit Vorlagebogen in Originalgröße, kart. ●

Bastelspaß mit der Laubsäge
Mit Schnittmusterbogen für viele Modelle in Originalgröße. (**0741**-8) Von L. Giesche, M. Bausch, 32 S., 61 Farbfotos, 7 Zeichnungen, Schnittmusterbogen, Pappband. ●

Strohschmuck selbstgebastelt
Sterne, Figuren und andere Dekorationen
(**0740**-X) Von E. Rombach, 32 S., 60 Farbfotos, 17 Zeichnungen, Pappband. ●

Hobby Drachen
bauen und steigen lassen. (**0767**-1) Von W. Schimmelpfennig, 80 S., 1 dreiseitige Ausklapptafel, 55 Farbfotos, 139 Zeichnungen kart. ●●

Lenkdrachen
bauen und fliegen
(**1011**-7) Von W. Schimmelpfennig, 64 S., 51 Farbfotos und 126 Zeichnungen, kartoniert. ●●

Drachen
Einfache Modelle für Kinder
(**5156**-5) Von W. Schimmelpfennig, 32 S., 11 Farbfotos, 31 Zeichnungen, mit Vorlagebogen in Originalgröße, kart. ●

Das große farbige
Bastelbuch für Kinder
(**4254**-X) Von U. Barff, I. Burkhardt, J. Maier. 224 S., 157 Farbfotos, 430 Farb- und 60 s/w-Zeichnungen, mit Schnittmusterbogen, Pappband. ●●●

Hobby Origami
Papierfalten für groß und klein
(**0756**-6) Von Z. Aytüre-Scheele, 80 S., 820 Farbfotos, kart. ●●

Neue zauberhafte Origami-Ideen
Papierfalten für groß und klein
(**0805**-8) Von Z. Aytüre-Scheele, 80 S., 720 Farbfotos, kart. ●●

Zauberwelt Origami
Tierfiguren aus Papier
(**1045**-1) Von Z. Aytüre-Scheele, 80 S., 660 Farbfotos, kartoniert. ●●

Origami –
Die Kunst des Papierfaltens. (**0280**-7) Von R. Harbin, 112 S., 633 Zeichnungen, 9 Fotos, kart. ●

Heut basteln wir mit Pappe und Papier
(**4413**-5) Von U. Barff, J. Maier, 224 S., 117 Farbfotos, 480 Farbzeichnungen, 25 s/w-Abbildungen, mit Schnittmusterbogen, Pappband. ●●●

Das große farbige Bastel- und Werkbuch
(**4439**-9) Von D. Rex, 256 S., 999 Farbfotos, 33 Farbzeichnungen, Pappband. ●●●●

Schritt für Schritt zum Scherenschnitt
Materialien · Techniken · Gestaltungsvorschläge. (**0732**-9) Von H. Klingmüller, 32 S., 38 Farbfotos, 34 Vorlagen, Pappband. ●

Fensterbilder in Scherenschnitt
(**5169**-7) Von A. Hahn, 32 S., 52 Farbfotos, 3 s/w-Fotos, mit Vorlagebogen in Originalgröße, kart. ●

Fensterbilder aus Papier
(**5158**-1) Von E. Rüscher, 32 S., 39 Farbfotos, 5 Zeichnungen, mit Vorlagebogen in Originalgröße, kart. ●

Fensterbilder
Meine Lieblingstiere
(**5197**-2) Von Y. Thalheim, H. Nadolny, 32 S., 38 Farbfotos, mit Vorlagebogen in Originalgröße, kartoniert. ●

Die schönsten Fensterbilder
(**1066**-4) Von C. Kimmerle, 64 S., 100 Farbfotos, kartoniert. ●●

Perfekte Fensterbilder
(**4470**-4) Von S. Haenitsch-Weiß, A. Weiß, 8 vierfarbige Bogen 280-g-Karton mit Stanzung + 16 S. zweifarbige Ein/Anleitung. ●●

Märchenhafte Fensterbilder
(**5185**-9) Von J. Maier, 32 S., 37 Farbfotos, mit Vorlagebogen in Originalgröße, kartoniert. ●

Fensterbilder Blumen und Tiere
(**5186**-7) Von M. Twachtmann, 32 S., 41 Farbfotos, 3 Zeichnungen, mit Vorlagebogen in Originalgröße, kartoniert. ●

Papierflieger
(**5157**-3) Von T. Gött, 32 S., 73 Farbfotos, 19 Zeichnungen, mit Vorlagebogen in Originalgröße, kart. ●

Mobiles aus Papier
(**5183**-2) Von J. Maier, 32 S., 17 Farbfots, 35 Farbzeichnungen, mit Vorlagebogen in Originalgröße, kartoniert. ●

Schachteln basteln und dekorieren
(**5170**-0) Von Chr. Adjano, 32 S., 55 Farbfotos, mit Vorlagebogen in Originalgröße, kart. ●

Die große Schachtelparade
(**4438**-0) Von Present Team, 16 vierfarbige Bogen 250-g-Karton mit Schachtelstanzung mit 4 S. Einleitung. ●●●

Deco Art
Die Kunst, Geschenke zu verpacken
(**0949**-6) Von B. Niermann, 80 S., 78 Farbfotos, 191 Zeichnungen, kart. ●●

Geschenkeverpacken für Kinderfeste
(**5195**-6) Von C. Netolitzky, 32 S., 43 Farbfotos, mit Vorlagebogen in Originalgröße, kartoniert. ●

Bunte Dekorationen für den Kindergeburtstag
Mit Spielanleitung zum Fest der Tiere
(**4471**-2) Von S. Haenitsch-Weiß, A. Weiß, 8 vierfarbige Bogen 280-g-Karton mit Stanzung + 16 S., zweifarbige Ein/Anleitung. ●●

Originelles Ambiente für Gäste
Festdekorationen
(**1049**-4) Von B. Niermann, 80 S., 125 Farbfotos, 59 Farbzeichng., kartoniert. ●●

Dekorieren und Arrangieren mit
Seidenblumen
(**5200**-6) Von M. L. Spang, 32 S., 37 Farbfotos, 14 Farbzeichnungen, mit Vorlagebogen in Originalgröße, kartoniert. ●

Tischkarten dekorativ gestalten
aus allerlei Material für viele Anlässe
(**0946**-1) Von H. York, 32 S., 108 Farbfotos, Pappband. ●

Glückwunschkarten
(**5179**-4) Von A. Kolb, B. Michel, 32 S., 54 Farbfotos, mit Vorlagebogen in Originalgröße, kartoniert. ●

Altes Brauchtum neu entdeckt
Schmuck-Eier
Kunstvoll gestalten und verzieren. (**0919**-4) Von I. Kiskalt, 32 S., 45 Farbfotos, 3 s/w-Zeichnungen, Pappband. ●

Dekorationen für Ostern
(**5198**-0) Von Y. Thalheim, H. Nadolny, 32 S., 48 Farbfotos, mit Vorlagebogen in Originalgröße, kartoniert. ●

Basteln für Ostern
(**5164**-6) Von Chr. Adjano, 32 S., 47 Farbfotos, mit Vorlagebogen in Originalgröße, kart. ●

Weihnachtsgeschenke schön verpacken
Schachteln · Dekorationen · Geschenkpapiere
(**4469**-0) Von Present Team, 10 vierfarbige Bogen 250-g-Karton mit Stanzung, 4 Bogen Geschenkpapier + 4 S. Einleitung. ●●●

Alle Jahre wieder…
Advent und Weihnachten
Basteln, Backen, Schmücken, Singen, Vorlesen, Feiern
(**4260**-4) Von H. und Y. Nadolny, 256 S., 105 Farbfotos, 130 Zeichn., Pappband. ●●●

Basteln und dekorieren für
Advent und Weihnachten
(**4446**-1) Von G. Teusen, C. Netolitzky, 176 S., 285 Farbfotos, mit Bastelvorlagebogen, Pappband. ●●●

Basteln für Weihnachten
(**5162**-X) Von Chr. Adjano, 32 S., 44 Farbfotos, mit Vorlagebogen in Originalgröße, kart. ●

Fensterdekorationen für die Weihnachtszeit
(**5181**-6) Von Y. Thalheim, H. Nadolny, 32 S., 33 Farbfotos, mit Vorlagebogen in Originalgröße, kartoniert. ●

Adventskalender
(**5178**-6) Von Y. Thalheim, H. Nadolny, 32 S., 35 Farbfotos, mit Vorlagebogen in Originalgröße, kartoniert. ●

Weihnachtsbasteleien
Advents- und Weihnachtsschmuck für groß und klein
(**0667**-5) Von M. Kühnle und S. Beck, 32 S., 56 Farbfotos, 6 Zeichnungen, Pappband. ●

Feuerzeichen behaglicher Wohnkultur
Kachelöfen, Kamine und Kaminöfen
(**4288**-4) Hrsg. von C. Berninghaus. Von R. Heinen, G. Kosicek, H.P. Sabborrosch, 168 S., 291 Farbfotos, 2 s/w-Fotos, 8 Zeichnungen, Pappband. ●●●●

Falken Handbuch
Heimwerken
Reparieren und Selbermachen im Haus und Wohnung – über 1100 Farbfotos. Praktische Tips vom Profi: Selbermachen, Reparieren, Renovieren, Kostensparen. (**4117**-9) Von Th. Pochert, 440 S., 1103 Farbfotos, 100 ein- und zweifarbige Abb., Pappband. ●●●●

Restaurieren von Möbeln
Stilkunde, Materialien, Techniken, Arbeitsanleitungen in Bildfolgen.
(**4120**-9) Von E. Schnaus-Lorey, 152 S., 37 Farbfotos, 75 s/w-Fotos, 352 Zeichnungen, Pappband. ●●●●

Möbel aufarbeiten, reparieren und pflegen
(**0386**-2) Von E. Schnaus-Lorey, 96 S., 28 Fotos, 101 Zeichnungen, kart. ●

FALKEN-Heimwerker-Praxis
Kleinmöbel aus Holz
(**0905**-4) Von O. Maier, 128 S., 210 Farbfotos, 80 Zeichnungen, kart. ●●

FALKEN-Heimwerker-Praxis
Anstreichen und Lackieren
(**0771**-X) Von P. Müller, 120 S., 196 Farbfotos, 2 s/w-Fotos, 3 Zeichnungen, kart. ●●

FALKEN-Heimwerker-Praxis
Elektroarbeiten
(**0975**-5) Von K.H. Schubert, 120 S., 193 Farbfotos, 40 Zeichnungen, kart. ●●

Falken-Heimwerker-Praxis
Mofa- und Moped-Reparaturen
(**1008**-7) Von T. Kohlmey, 128 S., 280 Farbabbildg. und Zeichng., kartoniert. ●●

FALKEN-Heimwerker-Praxis
Fahrrad-Reparaturen
(**0796**-5) Von R. van der Plas, 112 S., 140 Farbfotos, 113 farbige Zeichnungen, kart. ●●

Ikebana
Einführung in die japanische Kunst des Blumensteckens. (**0548**-2) Von G. Vocke, 152 S., 47 Farbfotos, kart. ●●

Blütenbilder aus Blumen und Blättern
Phantasievolle Naturcollagen
(**0872**-4) Von G. Schamp, 32 S., 57 Farbfotos, 1 Zeichnung, Pappband. ●

Hobby Gewürzsträuße
und zauberhafte Gebinde nach Salzburger Art. (**0726**-4) Von A. Ott, 80 S., 101 Farbfotos, 51 farbige Zeichnunen, kart. ●●

Hobby Trockenblumen
Gewürzsträuße, Gestecke, Kränze, Buketts. (**0643**-8) Von R. Strobel-Schulze, 88 S., 170 Farbfotos, kart. ●●

Neue zauberhafte Trockenblumen-Ideen
(**0821**-X) Von R. Strobel-Schulze, 80 S., 163 Farbfotos, kart. ●●

Phantasievolles Schminken
Verzauberte Gesichter für Maskeraden, Laienspiele und Kinderfeste
(**0907**-0) Hrsg.: H. u. Y. Nadolny, 64 S., 227 Farbfotos, kartoniert. ●●

Schminken für Kinder
(**5177**-8) Von Y. Thalheim, H. Nadolny, 32 S., 68 Farbfotos, mit Vorlagebogen in Originalgröße, kartoniert. ●

Mit vollem Genuß **Pfeife rauchen**
Alles über Tabaksorten, Pfeifen und Zubehör
(**4227**-2) Von H. Behrens, H. Frickert, 168 S., 127 Farbfotos, 18 Zeichn., Pappband. ●●●●

Pfeiferauchen leicht gemacht
Die richtige Art, Tabak zu genießen
(**1026**-5) Von O. Pollner, 112 S., 125 Farbfotos, 5 zweifarbige-Abb., kart. ●●

Münzen
Ein Brevier für Sammler. (**0353**-6) Von E. Dehnke, 128 S., 4 Farbtafeln, 17 s/w-Abb., kart. ●●

Die Fazination der Philatelie
Briefmarken sammeln
(**4273**-6) Von D. Stein, 212 S., 124 s/w-Fotos, 24 Farbtafeln, Pappband. ●●●

Briefmarken sammeln
(**0481**-8) Von D. Stein. 120 S., 4 Farbtafeln, 98 s/w-Abb., kart. ●

Freizeit mit dem Mikroskop
(**0291**-2) Von M. Deckart, 132 S., 8 Farbtafeln, 64 s/w-Abb., 2 Zeichnungen, kart. ●●

Astronomie im Bild
Unser Sternenhimmel rund ums Jahr
(**0849**-X) Von Dr. E. Übelacker, 88 S., 48 Farbfotos, 1 s/w-Foto, 68 Farbzeichn., kart. ●●

Astronomie als Hobby
Sternbilder und Planeten erkennen und benennen. (**0572**-5) Von D. Block, 176 S., 16 Farbtafeln, 49 s/w-Fotos, 93 Zeichnungen, kart. ●●

Moderne Fotopraxis
(**4401**-1) Von G. Koshofer, Prof. H. Wedewardt, 224 S., 363 Farbfotos, 106 s/w-Fotos, 5 Farb- und 24 s/w-Zeichnungen, Pappband. ●●●

Mach dir ein Bild
Praxistips für Foto, Film und Video
(**4410**-0) Von G. Staab, 208 S., 202 Farbfotos, 175 s/w-Fotos, 1 Zeichnung, Pappband. ●●●

So macht man bessere Fotos
Das meistverkaufte Fotobuch der Welt
(**0614**-4) Von M. L. Taylor, 192 S., 457 Farbfotos, 8 s/w-Fotos, 7 Zeichnungen, kart. ●●

Aktfotografie
Interpretationen zu einem unerschöpflichen Thema. Gestaltung · Technik · Spezialeffekte.
(**0737**-X) Von H. Wedewardt, 88 S., 144 Farb- und 6 s/w-Fotos, 6 Zeichnungen, kart. ●●

Videografieren
Filmen mit Video 8. Technik – Bildgestaltung – Schnitt – Vertonung. (**0843**-0) Von M. Wild, K. Möller, 120 S., 101 Farbfotos, 22 s/w-Fotos, 52 Zeichnungen, kart. ●●

Videografieren perfekt
Profitricks für Aufnahmetechnik und Nachbearbeitung
(**0969**-0) Von W. Schild, 120 S., 144 Farbabb., 5 s/w-Zeichnungen, kart. ●●●

Schmalfilmen
Ausrüstung · Aufnahmepraxis · Schnitt · Ton.
(**0342**-0) Von U. Ney, 108 S., 4 Farbtafeln, 25 s/w-Fotos, kart. ●

Anlagenbau in Modultechnik
für Modelleisenbahnen und Dioramen.
(**0845**-7) Von J. Thal, 104 S., 68 Farbfotos, 28 Zeichnungen, kart. ●●●

Kleine Welt auf Rädern
Das faszinierende Spiel mit **Modelleisenbahnen** (**4175**-6) Von F. Eisen, 256 S., 72 Farb- und 180 s/w-Fotos, 25 Zeichnungen, Pappband. ●●●

Elektronik als Hobby
Von der Grundlagenschaltung zum integrierten Schaltkreis
Mit 8 wichtigen Universalplatinen
(**4293**-0) Von W. Priesterath, 264 S., 80 s/w-Fotos, 128 Zeichn., Pappband. ●●●

Die Super-Sportwagen der Welt
(**4423**-2) Von H.G. Isenberg, 194 S., 184 Farbfotos, 4 farbige Ausklapptafeln, 32 s/w-Fotos, Pappband. ●●●●

Die Super Oldtimer der Welt
(**4465**-8) Von H. G. Isenberg, 194 S., 161 Farb- und 36 s/w-Fotos, 4 Ausklapptafeln, Pappband. ●●●●

Die Super-Trucks der Welt
(**4257**-4) Von H. G. Isenberg, 194 S., 205 Farbfotos, 87 s/w-Fotos, 7 Farbzeichnungen, 4 farb. Ausklapptafeln, Pappband. ●●●●

Die Super-Motorräder der Welt
(**4193**-4) Von H. G. Isenberg, 192 S., 170 Farb- und 100 s/w-Fotos, 8 Zeichnungen, Pappband. ●●●●

Die Super-Eisenbahnen der Welt
(**4287**-6) Von W. Kosak, H. G. Isenberg, 224 S., 269 Farbfotos, 79 s/w-Fotos, 8 Vignetten, 5 farb. Ausklapptafeln, Pappband. ●●●●

Sport und Fitneß

Neue Lehrmethoden der Judo-Praxis
(**0424**-9) Von P. Herrmann, 223 S., 475 Abb., kart. ●●

Judo
Grundlagen - Methodik. (**0305**-6) Von M. Ohgo, 208 S., 1025 Fotos, kart. ●●

Fußwürfe
für Judo, Karate und Selbstverteidigung. (**0439**-7) Von H. Nishioka, übers. von H.J. Heese, 96 S., 260 Abb., kart. ●●

Modernes Karate
Das große Standardwerk mit 2279 Abbildungen. (**4280**-9) Von T. Okazaki, Dr. med. M. V. Stricevic, übers. von M. Pabst, 376 S., 2279 s/w-Abb., Pappband. ●●●●●

Nakayamas Karate perfekt 1
Einführung. (**0487**-7) Von M. Nakayama, 136 S., 605 s/w-Fotos, kart. ●●

Nakayamas Karate perfekt 2
Grundtechniken. (**0512**-1) Von M. Nakayama, 136 S., 354 s/w-Fotos, 53 Zeichn., kart. ●●

Nakayamas Karate perfekt 3
Kumite 1: Kampfübungen. (**0538**-5) Von M. Nakayama, 128 S., 424 s/w-Fotos, kart. ●●

Nakayamas Karate perfekt 4
Kumite 2: Kampfübungen. (**0547**-4) Von M. Nakayama, 128 S., 394 s/w-Fotos, kart. ●●

Nakayamas Karate perfekt 5
Kata 1: Heian, Tekki. (**0571**-7) Von M. Nakayama, 144 S., 1229 s/w-Fotos, kart. ●●

Nakayamas Karate perfekt 6
Kata 2: Bassai-Dai, Kanku-Dai, (**0600**-4) Von M. Nakayama, 144 S., 1300 s/w-Fotos, 107 Zeichnungen, kart. ●●

Nakayamas Karate perfekt 7
Kata 3: Jitte, Hangetsu, Empi. (**0618**-7) Von M. Nakayama, 144 S., 1988 s/w-Fotos, 105 Zeichnungen, kart. ●●

Nakayamas Karate perfekt 8
Gankaku, Jion. (**0650**-0) Von M. Nakayama, 144 S., 1174 s/w-Fotos, 99 Zeichnungen, kart. ●●

Karate für alle
Karate-Selbstverteidigung in Bildern. (**0314**-5) Von A. Pflüger, 104 S., 323 s/w-Fotos, kart. ●●

Fit mit **Karate**
(**2308**-1) Von A. Pflüger, 96 S., 134 Farbfotos, 4 s/w-Zeichnungen, kart. ●●

25 Shotokan-Katas
Auf einen Blick: Karate-Katas für Prüfungen und Wettkämpfe. (**0859**-7) Von A. Pflüger, 88 S., 185 s/w-Abb., 24 ganzseitige Tafeln mit über 1.600 Einzelschritten, kart. ●●

Kontakt-Karate
Ausrüstung · Technik · Training. (**0396**-X) Von A. Pflüger, 112 S., 238 s/w-Fotos, kart. ●●

Bo-Karate
Habo-Jitsu – die Techniken des Stockkampfes. (**0447**-8) Von G. Stiebler, 176 S., 424 s/w-Fotos, 38 Zeichnungen, kart. ●●

Karate 1
Einführung · Grundtechniken. (**0227**-0) Von A. Pflüger, 144 S., 195 s/w-Fotos, 120 Zeichnungen, kart. ●

Karate 2
Kombinationstechniken · Katas. (**0239**-4) Von A. Pflüger, 176 S., 452 s/w-Fotos und Zeichnungen,kart. ●

Karate Kata 1
Heian 1–5, Tekki 1, Bassai Dai. (**0683**-7) Von W.-D. Wichmann, 164 S., 703 s/w-Fotos, kart. ●●

Karate Kata 2
Jion, Empi, Kanku-Dai, Hangetsu. (**0723**-X) Von W.-D. Wichmann, 140 S., 661 s/w-Fotos, 4 Zeichnungen, kart. ●●

Der König des Kung-Fu
Bruce Lee
Sein Leben und Kampf. (**0392**-7) Von L. Lee, 136 S., 104 s/w-Fotos, kart. ●●

Bruce Lees Kampfstil 1
Grundtechniken. (**0473**-7) Von B. Lee, M. Uyehara, 109 S., 220 Abb., kart. ●

Bruce Lees Kampfstil 2
Selbstverteidigungs-Techniken. (**0486**-9) Von B. Lee, M. Uyehara, 128 S., 310 Abb., kart. ●

Bruce Lees Kampfstil 3
Trainingslehre. (**0503**-2) Von B. Lee, M. Uyehara, 112 S., 246 Abb., kart. ●

Bruce Lees Kampfstil 4
Kampftechniken (**0523**-7) Von B. Lee, M. Uyehara, 104 S., 211 Abb., kart. ●

Kung-Fu 1
Legende · Philosophie · Grundtechniken (**0891**-0) Von Chr. Yim, 152 S., 401 s/w-Fotos, 2 s/w-Zeichnungen, kart. ●●

Kung-Fu und Tai-Chi
Grundlagen und Bewegungsabläufe. (**0367**-6) Von B. Tegner, 182 S., 370 s/w-Fotos, kart. ●●

Kung-Fu
Grundlagen · Bewegungsabläufe · Körperschule. (**0376**-5) Von M. Pabst, 160 S., 330 Abb., kart. ●●

Bruce Lees Jeet Kune Do
(**0440**-0) Von B. Lee, 192 S., mit 105 eigenhändigen Zeichnungen von B. Lee, kart. ●●

Shaolin-Kempo – Kung-Fu
Chinesisches Karate im Drachenstil. (**0395**-1) Von R. Czerni, K. Konrad, 246 S., 723 Abb., kart. ●●

Kickboxen
Fitneßtraining und Wettkampfsport. (**0795**-7) Von G. Lemmens, 96 S., 208 s/w-Fotos, 23 Zeichnungen, kart. ●●

Ninja 1
Die Lehre der Schattenkämpfer. (**0758**-2) Von S.K. Hayes, übers. von J. Schmit, 144 S., 137 s/w-Fotos, kart. ●●

Ninja 2
Die Wege zum Shoshin (**0763**-9) Von S.K. Hayes, übers. von J. Schmit, 160 S., 309 s/w-Fotos, 2 Zeichnungen, kart. ●●

Ninja 3
Der Pfad des Togakure-Kämpfers. (**0764**-7) Von S.K. Hayes, übers. von J. Schmit, 144 S., 197 s/w-Fotos, 2 Zeichnungen, kart. ●●

Ninja 4
Das Vermächtnis der Schattenkämpfer (**0807**-4) Von S.K. Hayes, übers. von J. Schmit, 196 S., 466 s/w-Fotos, kart. ●●

Taekwondo perfekt 1
Die Formenschule bis zum Blaugurt (**0890**-2) Von K. Gil, Kim Chul-Hwan, 176 S., 439 s/w-Fotos, 107 Zeichnungen, kart. ●●

Taekwondo perfekt 2
Die Formenschule vom Blau- bis zum Schwarzgurt
(**0976**-3) Von K. Gil, K. Chul-Hwan, 192 S., 461 s/w-Fotos, 112 Zeichnungen, kart. ●●

Taekwondo perfekt 3
(**1068**-0) Von K. Gil, K. Chul-Hwan, 200 S., 429 s/w-Fotos, kartoniert. ●●

Illustriertes Handbuch des Taekwondo
Koreanische Kampfkunst und Selbstverteidigung. (**4053**-9) Von K. Gil, 248 S., 1026 Abb., Pappband. ●●●

Taekwon-Do
Koreanischer Kampfsport. (**0347**-1) Von K. Gil, 152 S., 408 Abb., kart. ●●

Ju-Jutsu als Wettkampf
(**0826**-0) Von G. Kulot, 168 S., 418 s/w-Fotos, 2 Zeichnungen, kart. ●●

Ju-Jutsu 1
Grundtechniken - Moderne Selbstverteidigung. (**0276**-9) Von W. Heim, F.J. Gresch, 164 S., 450 s/w-Fotos, 8 Zeichn., kart. ●

Ju-Jutsu 2
für Fortgeschrittene und Meister. (**0378**-1) Von W. Heim, F. J. Gresch, 160 S., 798 s/w-Fotos, kart. ●●

Ju-Jutsu 3
Spezial-, Gegen- und Weiterführungs-Techniken · Stockkampfkunst. (**0485**-0) Von W. Heim, F.J. Gresch, 200 S., über 600 s/w-Fotos, kart. ●●

Aikido
Lehren und Techniken des harmonischen Weges. (**0537**-7) Von R. Brand, 280 S., 697 Abb., kart. ●●

Hap Ki Do
Koreanische Selbstverteidigung nach dem Lehrsystem des Großmeisters. (**0379**-X) Von Kim Sou Bong, 112 S., 152 Abb., kart. ●●

Dynamische Tritte
Grundlagen für den Zweikampf. (**0438**-9) Von C. Lee, 96 S., 398 s/w-Fotos, 10 Zeichnungen, kart. ●●

Selbstverteidigung
Abwehrtechniken für Sie und Ihn (**0853**-8) Von E. Deser, 96 S., 259 s/w-Fotos, kart. ●

Die Faszination athletischer Körper
Bodybuilding
mit Weltmeister Ralf Möller. (**4281**-7) Von R. Möller, 128 S., 169 Farbfotos, 14 s/w-Fotos, 1 Farbzeichn., Pappband. ●●●●

Bodyshaping · Bodybuilding
Mit Anja Albrecht zur Idealfigur. (**4405**-4) Von A. Albrecht, 128 S., 164 Farbfotos, 4 s/w-Fotos, 1 Farb- und 1 s/w-Zeichnung, Pappband. ●●●●

Ladyfitneß
Das neue Körperbewußtsein der Frau
Bodyshaping · Körperpflege · Ernährung · Entspannung
(**4433**-X) Von Prof. Dr. S. Starischka, B. Grabis, D. von Gramm, G.W. Kienitz, ca. 128 S., ca. 113 Farbfotos, Pappband. ●●●

Bodybuilding für Frauen
Wege zu Ihrer Idealfigur (**0661**-6) Von H. Schulz, 112 S., 84 s/w-Fotos, 4 Zeichnungen, kart. ●

Fit mit **Bodybuilding**
(**2314**-6) Von L. Spitz, 112 S., 203 Farbabbildungen, 10 Tabellen. ●●

Bodybuilding Anleitung zum Muskel- und Konditionstraining für sie und ihn. (**0604**-7) Von R. Smolana, 160 S., 171 s/w-Fotos, kart. ●

Hanteltraining zu Hause
(**0800**-7) Von W. Kieser, 80 S., 71 s/w-Fotos, 4 Zeichnungen, kart. ●

Leistungsfähiger durch Krafttraining
Eine Anleitung für Fitness-Sportler, Trainer und Athleten (**0617**-9) Von W. Kieser, 96 S., 20 s/w-Fotos, 62 Zeichnungen, kart. ●

Fit und gesund
Fitneßtraining und Bodybuilding zu Hause. Trainingsprogramme für Ihr Wohlbefinden. (**0782**-5) Von Prof. Dr. S. Starischka, 80 S., 100 Farbfotos, 3 Zeichnungen, kart. ●●

Optimale Ernährung
für Krafttraining und Bodybuilding. (**0912**-7) Von B. Dahmen, 88 S., 8 Farbtafeln, 8 Zeichnungen, kart. ●

Fit mit **Bio-Training**
für Kraft, Ausdauer und Schnelligkeit (**2310**-3) Von L. Spitz, 112 S., 197 Farbfotos, 11 Farb- und 4 s/w-Zeichnungen, kart. ●●

Top-Form im Sport
Ernährungs-Training
Das Erfolgsprogramm für den Ausdauersportler. (**0945**-3) Von M. Inzinger, Dipl.-Oec. troph. G. Wagner, 160 S., 31 Farbzeichnungen, 16 Grafiken, kart. ●●

Gesund und fit durch **Konditionstraining und Wirbelsäulengymnastik**
(**0844**-9) Von R. Milser u. K. Grafe, 104 S., 99 Farbfotos, 12 Farbzeichnungen, 5 s/w-Zeichnungen, kart. ●●

Fit mit **Tai Chi**
als sanfte Körpererfahrung (**2305**-7) Von B. u. K. Moegling, 112 S., 121 Farbfotos, 6 Farb- u. 4 s/w-Zeichnungen, kart. ●●

Isometrisches Training
Übungen für Muskelkraft und Entspannung. (**0529**-6) Von L. M. Kirsch, 140 S., 162 s/w-Fotos, kart. ●●

Stretching
Mit Dehnungsgymnastik zu Entspannung. Geschmeidigkeit und Wohlbefinden. (**0717**-5) Von H. Schulz, 80 S., 90 s/w-Fotos, kart. ●

Fit mit **Stretching**
(**2304**-9) Von B. Kurz, 96 S., 255 Farbfotos, kart. ●●

Gesund und fit durch Gymnastik
(**0366**-8) Von H. Pilss-Samek, 88 S., 130 Abb., kart. ●

Fit und frisch
Gymnastik für die ganze Familie (**6501**-9) Von G. Sieber, 104 S., 306 Farbfotos, 5 Farbzeichnungen, kart., mit Audiokassette, Laufzeit 30 Min., ●●●

Fit mit Frank Elstner
Das neue Aktiv-Programm (**4430**-5) Hrsg. von Frank Elstner, fachl. Mitarbeiter Prof. Dr. S. Starischka u. a., 184 S., 215 Farbfotos, 72 Zeichnungen, 8 farbige Grafiken. ●●●●

Fit mit **Laufen**
(**2315**-4) Von W. Sonntag, 96 S., 60 Farbfotos, 8 Farbzeichnungen, kart. ●●

Spaß am Laufen
Jogging für die Gesundheit. (**0470**-2) Von W. Sonntag. 140 S., 41 s/w-Fotos, 1 Zeichnung, kart. ●

Fit mit **Sportschießen**
(**2312**-X) Von H. Gabelmann, ca. 112 S., ca. 100 Farbabbildungen, kart. ●●

Fechten
Florett · Degen · Säbel. (**0449**-4) Von E. Beck, 88 S., 185 Fotos, 10 Zeichnungen, kart. ●●

Fit mit **Sportabzeichen**
(**2307**-3) Von G. Hennige, 104 S., 107 Farbfotos, kart. ●●

Volleyball
Technik · Taktik · Regeln. (**0351**-X) Von H. Huhle, 104 S., 330 Abb., kart. ●

Fit mit **Volleyball**
(**2302**-2) Von Dr. A. Scherer, 104 S., 27 Farb- und 1 s/w-Foto, 12 Farb- und 29 s/w-Zeichnungen, kart. ●●

Fit mit **Fußball**
(**2309**-X) Von H. Obermann, P. Walz, 112 S., 47 Farbfotos, 18 Farb- und 25 s/w-Zeichnungen, kart. ●●

Handball
Technik · Taktik · Regeln. (**0426**-5) Von F. und P. Hattig, 128 S., 91 s/w-Fotos, 121 Zeichnungen, kart. ●●

Die neue Tennis-Praxis
Der individuelle Weg zu erfolgreichem Spiel. (**4097**-0) Von R. Schönborn, 240 S., 202 Farbzeichnungen, 31 s/w-Abb., Pappband. ●●●●

Tennis
Technik · Taktik · Regeln. (**0375**-7) Von W. u. S. Taferner, 112 S., 81 Abb., kart. ●

Tischtennis-Technik
Der individuelle Weg zu erfolgreichem Spiel. (**0775**-2) Von M. Perger, 144 S., 296 Abb. kart. ●●

Badminton
Technik · Taktik · Training. (**0699**-3) Von K. Fuchs, L. Sologub, 168 S., 51 Abb., kart., ●●

Squash
Ausrüstung · Technik · Regeln. (**0539**-3) Von D. von Horn, H.-D. Stünitz, 96 S., 55 s/w-Fotos, 25 Zeichnungen, kart. ●

Fit mit **Squash**
(**2311**-1) Von P. Langhammer, R. Michna, 96 S., 86 Farbfotos, 13 Farbzeichnungen, kart. ●●

Eishockey
Lauf- und Stocktechnik, Körperspiel, Taktik, Ausrüstung und Regeln. (**0414**-1) Von J. Čapla, 264 S., 548 s/w-Fotos, 163 Zeichnungen, kart. ●●

Golf
Ausrüstung und Technik. (**0343**-9) Von J.C. Jessop, übersetzt von H. Biemer, mit einem Vorwort von H. Krings, Präsident des Deutschen Golf-Verbandes, 96 S., 57 Abb., Anhang Golfregeln des DGV, kart. ●●

Pool-Billard
(**0484**-2) Herausgegeben vom Deutschen Pool-Billard-Bund. Von M. Bach, K.-W. Kühn, 104 S., 64 Abb., kart. ●

Tanzstunde
Das Welttanzprogramm leicht gelernt (**4409**-2) Von G. Hädrich, 164 S., 489 s/w-Fotos, 63 Zeichnungen, Pappband. ●●●

Wir lernen tanzen
Standard- und lateinamerikanische Tänze (**0200**-9) Von E. Fern, 152 S., 119 s/w-Fotos, 47 Zeichnungen, kart. ●

Fit mit **Tanzen**
(**2303**-0) Von K. Richter, H. Kleinow, 96 S., 102 Farbfotos, kart. ●●

Dancing
Moderne Discotänze: mit Mambo und Salsa (**0977**-1) Von B. und F. Weber, 96 S., 207 s/w-Fotos, kart. ●●

Jive
(**5174**-3) Von Peter Wolff, 32 S., 66 Farbfotos, 7 Zeichng., mit Tanzteppich, kartoniert. ●

Cha-Cha-Cha
(**5177**-9) Von Peter Wolff, 32 S., 51 Farbfotos, 10 Zeichnungen, mit Tanzteppich, kartoniert. ●

Foxtrott
(**5172**-7) Von Peter Wolff, 32 S., 55 Farbfotos, 10 Zeichnungen, mit Tanzteppich, kartoniert. ●

Langsamer Walzer
(**5173**-5) Von Wolff, 32 S., 50 Farbfotos, 10 Zeichnungen, mit Tanzteppich, kartoniert. ●

Dirty Dancing
Step by Step leicht gelernt (**0992**-5) Von D. Glück, G. Teusen, 80 S., 140 Farbfotos, kart. ●●

Anmutig und fit durch
Bauchtanz
(**0911**-9) Von Marta, 120 S., 229 Farbfotos, 6 s/w-Zeichnungen, kart. ●●

Sporttauchen
Theorie und Praxis des Gerätetauchens (**0647**-0) Von S. Müßig, 144 S., 8 Farbtafeln, 35 s/w-Fotos, 89 Zeichnungen, kart. ●●

Angelfischerei von Aal bis Zander
Fische · Geräte · Technik. (**0324**-2) Von H. Oppel, 72 S., 16 Farbt., 49 s/w-Abb., kart. ●●

Angeln
Kleine Fibel für den Sportfischer. (**0198**-3) Von E. Bondick, 80 S., 4 Farbt., 116 Abb., kart. ●

Falken-Handbuch **Angeln**
in Binnengewässern und im Meer. (**4090**-3) Von H. Oppel, 344 S., 24 Farbtafeln, 66 s/w-Fotos, 151 Zeichn., gebunden. ●●●●

Funboard-Surfen
Material · Technik · Regatten · Internationale Reviere. (**4297**-3) Von J. Evans, 144 S., 106 Farbfotos, 9 Farbzeichnungen, 68 zweifarbige und 5 s/w-Zeichnungen, kart. ●●●

Fit mit
Surfen
(**2317**-3) Von H. Mönster, K.-H. Eden, B. Bohr, 104 S., 110 Farbfotos, 23 s/w-Zeichnungen, kartoniert. ●●

TELESKI
Skigymnastik perfekt (**1037**-0) Von M. Vorderwülbecke, G. Kern, 120 S., 220 Farbfotos, 16 farbige Grafiken, 19 Farbzeichnungen, kartoniert. ●●

Fibel für Kegelfreunde
Sport- und Freizeitkegeln · Bowling (**0191**-6) Von G. Bocsai, 72 S., 62 Abb., kart. ●

Fit mit **Kegeln**
(**2301**-4) Von G. Gromann, 96 S., 51 Farbfotos, 50 Farb- und 4 s/w-Zeichnungen, kart. ●●

Beliebte und neue Kegelspiele
(**0271**-8) Von H. Regulski, 92 S., 62 Abb., kart. ●

111 spannende Kegelspiele
(**2031**-7) Von H. Regulski, 80 S., 53 Zeichnungen, kart. ●

Schach

Einführung in das Schachspiel
(**0104**-5) Von W. Wollenschläger und K. Colditz, 112 S., 116 Diagramme, kart. ●

Falken-Handbuch
Schach
(**4051**-2) Von T. Schuster, 360 S., über 340 Diagramme, gebunden. ●●●●

Spielend Schach lernen
(**2002**-3) Von T. Schuster, 96 S., kart. ●

Kinder- und Jugendschach
Offizielles Lehrbuch des Deutschen Schachbundes zur Erringung der Bauern-, Turm- und Königsdiplome. (**0561**-X) Von B.J. Withuis, H. Pfleger, 144 S., 220 Zeichnungen und Diagramme, kart. ●●

Zug um Zug
Schach für jedermann 1
Offizielles Lehrbuch des Deutschen Schachbundes zur Erringung des Bauerndiploms. (**0648**-9) Von H. Pfleger, E. Kurz, 80 S., 24 s/w- Fotos, 8 Zeichn., 60 Diagramme, kart. ●

FALKEN-Software
Zug um Zug
Schach für jedermann 1
(**7015**-2) Wendediskette für C 64/C 128 PC, mit Begleitheft. ●●●*

(**7005**-1) Wendediskette für Atari ST 520/1040 mit Begleitheft. ●●●●●*

Zug um Zug
Schach für jedermann 2
Offizielles Lehrbuch des Deutschen Schachbundes zur Erringung des Turmdiploms. (**0659**-4) Von H. Pfleger, E. Kurz, 128 S., 7 s/w-Fotos, 13 Zeichnungen, 78 Diagramme, kart. ●

Zug um Zug
Schach für jedermann 3
Offizielles Lehrbuch des Deutschen Schachbundes zur Erringung des Königdiploms. (**0728**-0) Von H. Pfleger, G. Treppner, 128 S., 4 s/w-Fotos, 84 Diagramme, 10 Zeichnungen, kart. ●

Schach für Fortgeschrittene
Taktik und Probleme des Schachspiels (**0219**-X) Von R. Teschner, 88 S., 85 Diagramme, kart. ●

Neue Schacheröffnungen
(**0478**-8) Von T. Schuster 104 S., 100 Diagramme, kart. ●

Lehr-, Übungs- und Testbuch der Schachkombinationen
(**0649**-7) Von K. Colditz, 184 S., 227 Diagramme, kart. ●●

Erfolgreiche Schachlehre
Eröffnungs- und Mittelspielstrategie (**0991**-7) Von D. Bronstein, 254 S., 201 Diagramme, Pappband. ●

Faszinierendes Schach
(**0989**-5) Von I. Linder, 285 S., 295 Diagramme, Pappband. ●●

Die hohe Schule der
Schachkombinationen
(**0920**-8) Von W. Golz, P. Keres, 272 S., 322 Diagramme, Pappband. ●●

Schwerfiguren greifen ein
(**0979**-8) Von J. Damski, 184 S., 244 Diagramme, Pappband. ●●

Sizilianisch siegen
durch die Kunst der Verteidigung (**0990**-2) Von M. Taimanow, 160 S., 124 Diagramme, Pappband. ●●

Schnelle Schachsiege
Das meisterliche Gambitspiel (**1038**-9) Von S. Samarian, 28 S., 125 Diagramme, kartoniert. ●●

Offizielles Lehrbuch des Deutschen Schachbundes
Das systematische Schachtraining
Trainingsmethoden, Strategien und Kombinationen. (**0857**-0) Von Sergiu Samarian, 152 S., 159 Diagramme, 1 Zeichn., kart. ●●

Taktische Schachendspiele
(**0752**-3) Von J. Nunn, 208 S., 152 Diagramme, kart. ●●

Schachstrategie
Ein Intensivkurs mit Übungen und ausführlichen Lösungen. (**0584**-9) Von A. Koblenz, dt. Bearb. von K. Colditz, 212 S., 240 Diagramme, kart. ●●

Schachtraining mit den Großmeistern
(**0670**-5) Von H. Bouwmeester, 128 S., 90 Diagramme, kart. ●●

Die besten Partien deutscher Schachgroßmeister
(**4121**-7) Von H. Pfleger, 192 S., 29 s/w-Fotos, 89 Diagramme, Pappband. ●●●

So denkt ein Schachmeister
Strategische und taktische Analysen. (**0915**-1) Von H. Pfleger, G. Treppner, 120 S., 75 Diagramme, kart. ●●

Schach als Kampf
Meine Spiele und mein Weg. (**0729**-9) Von G. Kasparow, 144 S., 95 Diagramme, 9 s/w-Fotos, kart. ●●

Kasparows Schacheröffnungen
(**1021**-4) Von O. Borik, 136 S., 16 s/w-Fotos, kartoniert. ●●

Helmut Pflegers
Schachkabinett
Amüsante Aufgaben – überraschende Lösungen. (**0877**-5) Von H. Pfleger, 160 S., 118 Diagramme, kart. ●●

Schach mit dem Computer
(**0747**-7) Von D. Frickenschmidt, 140 S., 112 Diagramme, 29 s/w-Fotos, 5 Zeichnungen, kart. ●●

FALKEN-Software
Das komplette Schachprogramm
Spielen, Trainieren, Problemlösen mit dem Computer. (**7006**-3) Von J. Egger, Diskette für C 64, C 128 PC, mit Begleitheft. ●●●●●*

Mensch und Gesundheit

Total verknallt ... und keine Ahnung?
Alles über Liebe, Sex und Zärtlichkeit (**1024**-9) Von H. Bruckner, R. Rathgeber, 104 S., 38 Abbildungen, kartoniert. ●●

Sinnliche Liebe
Sex und Partnerschaft (**4436**-4) Von Dr. A. Stanway, 160 S., 60 vierfarbige Illustrationen, Pappband. ●●●●

Streicheleinheiten für Körper und Seele
Partner Massage
(**4444**-5) Von Chr. Unseld-Baumanns, 136 S., 145 Farbfotos, Pappband. ●●●●

Der moderne Ratgeber
Wir werden Eltern
Schwangerschaft · Geburt · Erziehung des Kleinkindes. (**4269**-8) Von B. Nees-Delaval, 376 S., 335 2-farbige Abb., Pappband. ●●●●

Wenn Sie ein Kind bekommen
(**4003**-2) Von U. Klamroth, Dr. med. H. Oster, 240 S., 86 s/w-Fotos, 30 Zeichn., kart. ●●●

Wenn der Mensch zum Vater wird
Ein heiter-besinnlicher Ratgeber (**4259**-0) Von D. Zimmer, 160 S., 20 Zeichnungen, Pappband. ●●

Vorbereitung auf die Geburt und
Schwangerschaftsgymnastik
Atmung, Rückbildungsgymnastik. (**0251**-3) Von s. Buchholz, 112, S., 98 s/w-Fotos, kart. ●

Yoga für Schwangere
Der Weg zur sanften Geburt (**0777**-9) Von V. Bolesta-Hahn, 112 S., 76 zweifarbige Abb., kart. ●●

Die Kunst des Stillens
nach neuesten Erkenntnissen (**0701**-9) Von Prof. Dr. med. E. Schmidt, S. Brunn, 112 S., 20 Fotos und Zeichnungen, kart. ●

Das Babybuch
Pflege · Ernährung · Entwicklung (**0531**-8) Von A. Burkert, 96 S., 76 zweifrg. Zeichn., 22 s/w-Zeichn., kart. ●●

Babyfitness
Massage, Spiele, Gymnastik und Schwimmen für Kinder im 1. Lebensjahr (**1034**-6) Von G. Zeiß, 112 S., 179 zweifarbige Illustrationen, kartoniert. ●●

Wenn Kinder krank werden
Medizinischer Ratgeber für Eltern (**4240**-X) Von Dr. med. I.J. Chasnoff, B. Nees-Delaval, 232 S., 163 Zeichn., Pbd.. ●●●

FALKEN-Software
Ego-Tests
Sich und andere besser erkennen und verstehen. (**7012**-8) Diskette für IBM PC kompatible (MS DOS) mit Begleitheft. ●●●●●*

Bildatlas des menschlichen Körpers
(**4177**-2) Von G. Pogliani, V. Vannini, 112 S., 402 Farbabb. 28 s/w-Fotos, Pappband. ●●●

Das moderne Hausbuch der Naturheilkunde
Neueste Erkenntnisse der Ganzheitsmedizin von Akupressur bis Zelltherapie (**4403**-8) Von G. Leibold, 448 S., 263 Farbzeichn., 15 s/w-Fotos, Pappband. ●●●●●

Pillenpreise unverblümt
Rezeptfreie Medikamente: Medizinische Grundlagen · Wirkungen · Risiken · Preisübersicht (**4426**-7) Von Dr. rer.nat. K. Mayer, 248 S., franz. Broschur. ●●●

Ratgeber Aids
Entstehung, Ansteckung, Krankheitsbilder, Heilungschancen, Schutzmaßnahmen (**0803**-1) Von B. Baartman, Vorwort von Dr. med. H. Jäger, 112 S., 8 Farbtafeln, 4 Grafiken, kart. ●●

Nahrungsmittelallergien
So ernähren Sie sich richtig! (**0913**-5) Von Priv-Doz.Dr.med.Dr.med.habil. J. von Mayenburg, Prof. Dr. med. Dr. phil. S. Borelli, E. Polster, 136 S., kart. ●●

Diabetes
Krankheitsbild, Therapie, Kontrollen, Schwangerschaft, Sport, Urlaub, Alltagsprobleme, Neueste Erkenntnisse der Diabetesforschung. (**0895**-3) Von Dr. med. H.J. Krönke, 120 S., 4 Farbtafeln, 14 s/w-Fotos, 13 s/w-Zeichnungen, kart. ●

Rheuma und Gicht
Krankheitsbilder, Behandlung, Therapieverfahren, Selbstbehandlung. Richtige Lebensführung und Ernährung. (**0712**-4) Von Dr. J. Höder, J. Bandick, 104 S., kart. ●

Asthma
Pseudokrupp, Bronchitis und Lungenemphysem. (**0778**-7) Von Prof. Dr. med. W. Schmidt, 120 S., 56 Zeichnungen, kart. ●

Krampfadern
Ursachen, Vorbeugung, Selbstbehandlung, Therapieverfahren. (**0727**-2) Von Dr. med. K. Steffens, 112 S., 38 Abb., kart. ●

Gallenleiden
Krankheitsbilder, Behandlung, Therapieverfahren, Selbstbehandlung. Richtige Lebensführung und Ernährung. (**0673**-X) Von Dr. med. K. Steffens, 104 S., 34 Zeichnungen, kart. ●

Arteriosklerose
Risikofaktoren/Vorbeugung/Therapie Richtige Ernährung bei erhöhtem Cholesterinspiegel (**1020**-6) Von Prof. Dr. med. G. Assmann, Dr. troph. U. Wahrburg, 192 S., 84 farb. Abb., 4 s/w-Zeichnungen, kartoniert.

Naturkosmetik
Die Grundlagen gesunder und natürlicher Hautpflege (**1080**-X) Von N. E. Haas, 120 S., 63 Farbabb., kartoniert. ●●

Gesundheit durch altbewährte Kräuterrezepte und Hausmittel aus der
Natur-Apotheke
(**4156**-X) Von G. Leibold, 236 S., 8 Farbtafeln, 100 Zeichnungen, kart. ●●

Heiltees und Kräuter für die Gesundheit
(**4123**-3) Von G. Leibold, 136 S., 15 Farbtafeln, 16 Zeichnungen, kart. ●●

Fastenkuren
Wege zur gesunden Lebensführung. Rezepte und Tips für die Nachfastenzeit. Kurzfasten · Saftfastenkuren · Fastenschalttage · Heilfasten. (**4248**-5) Von Ha. A. Mehler, H. Keppler, 144 S., 16 s/w-Fotos, 9 Zeichn., Pbd. ●●●

Die sanfte Art des Heilens
Homöopathie
Praktische Anwendung und Arzneimittellehre
(**4418**-X) Von J. H. P. Kreuter, 216 S., 49 Zeichnungen, Pappband. ●●●

Massagetechniken und Heilanzeigen
Reflexzonentherapie
(**4404**-6) Von G. Leibold, 128 S., 53 Farbzeichungen, Pappband. ●●●

Wetterfühligkeit
Vorbeugen und behandeln
Der Einfluß von Wetter und Klima auf Körper und Psyche
(**0998**-4) Von Dipl.-Met. H. Trenkle, fachl. Beratung Prof. Dr. V. Faust, 120 S., 8 Farbtafeln, 31 zweifarbige Abbildungen und Tabellen, kartoniert. ●●

Heilatmen
Ein Weg zu Lebenskraft und innerer Harmonie
(**1047**-8) Von K. Schutt, 112 S., 57 zweifarbige Abb., kartoniert. ●●●

Bewährte Naturheilverfahren bei
Asthma und Bronchitis
(**1083**-4) Von G. Leibold, 112 S., kartoniert. ●

Kneippkuren zu Hause
(**0779**-5) Von G. Leibold, 112 S., 25 Zeichnungen, kartoniert. ●

Entspannung und Schmerzlinderung durch
Massage
(**0750**-7) Von B. Rumpler, K. Schutt, 112 S., 116 zweifarbige Zeichnungen, kart. ●

Besser sehen durch Augentraining
Ein Gesundheitsprogramm zur Verbesserung des Sehvermögens.
(**0914**-3) Von K. Schutt, B. Rumpler, 96 S., 32 s/w-Zeichnungen, kart. ●

Bewährte Naturheilverfahren bei
Herz-Kreislauf-Erkrankungen
(**1084**-2) Von Dr. med. O. Wolff, G. Leibold, 104 S., kartoniert. ●

Krebsangst und Krebs behandeln
Mit einem Vorwort von Prof. Dr. med. Friedrich Douwes. (**0839**-2) Von G. Leibold, 104 S., kart. ●

Bewährte Naturheilverfahren bei
Krebs
(**1082**-6) Hrsg. H.-R. Heiligtag, 88 S., kartoniert. ●

Hypnose und Autosuggestion
Methoden - Heilwirkungen - praktische Beispiele. (**0483**-4) Von G. Leibold, 120 S., 9 Illustrationen, kart. ●

Bewährte Naturheilverfahren bei
Migräne und Schlafstörungen
(**1081**-8) Von G. Leibold, Dr. med. H. Chr. Scheiner, 112 S. kartoniert. ●

Gesunder Schlaf
Schlafstörungen ohne Medikamente erfolgreich behandeln
(**1036**-2) Von D. H. Alke, 88 S., 22 s/w-Abb., mit Audiokassette, kartoniert. ●●●

Akupressur zur Eigenbehandlung
(**0417**-6) Von G. Leibold, 112 S., 78 Abb., kart. ●

Enzyme
Vitalstoffe für die Gesundheit
(**0677**-2) Von G. Leibold, 96 S., kart. ●

Fußsohlenmassage
Heilanzeigen · Technik · Selbsthilfe
(**0714**-0) Von G. Leibold, 96 S., 38 Zeichnungen, kart. ●

Rheuma behandeln und lindern
Mit einem Vorwort von Dr. med. Max-Otto-Bruker. (**0836**-8) Von G. Leibold, 96 S., kart. ●

Heilfasten
Entschlacken · Regenerieren · Abnehmen
(**0713**-2) Von G. Leibold, 96 S., kart. ●

Besser leben durch Fasten
(**0841**-4) Von G. Leibold, 96 S., kart. ●

Die echte Schroth-Kur
(**0797**-3) Von Dr. med. R. Schroth, 88 S., 2 s/w-Fotos, kart. ●

Allergien behandeln und lindern
Mit einem Vorwort von Prof. Dr. med. Axel Stemmann.
(**0840**-6) Von G. Leibold, 96 S., 4 Zeichnungen, kart. ●

Entspannung
(**0834**-) Von Dr. med. Chr. Schenk, 88 S., 29 Zeichnungen, kart. ●

Erfolg und Lebensfreude durch
Autogenes Training und Psychokybernetik
(**1035**-4) Von D. H. Alke, 80 S., 2 s/w-Zeichnungen, mit Audiokassette, kartoniert. ●●●

Autogenes-Training
Anwendung · Heilwirkungen · Methoden
(**0541**-5) Von R. Faller, 112 S., 3 Zeichn., kart. ●

Chinesische Naturheilverfahren
Selbstbehandlung mit bewährten Methoden der physikalischen Therapie. Atemtherapie · Heilgymnastik · Selbstmassage · Vorbeugen · Behandeln · Entspannen.
(**4247**-7) Von F.T. Lie, 160 S., 292 zweifarbige Zeichnungen, Pappband. ●●●

Chinesisches Schattenboxen
Tai-Ji-Quan
für geistige und körperliche Harmonie
(**0850**-3) Von F. T. Lie, 120 S., 221 s/w-Fotos, 9 s/w-Zeichnungen, Beilage: 1 s/w-Poster mit zahlreichen Abbildungen, kart. ●●

Fit mit **Tai Chi**
als sanfte Körpererfahrung
(**2305**-7) Von B. und K. Moegling, 112 S., 121 Farbfotos, 6 Farbzeichnungen, kart. ●●

Yoga
Weg zur Harmonie
(**4417**-8) Von A. Harf, W. von Rohr, 176 S., 171 Farbfotos, 12 s/w-Zeichnungen, Pbd. ●●●●

Bauch, Taille und Hüfte gezielt formen durch
Aktiv-Yoga
(**0709**-4) Von K. Zebroff, 112 S., 102 Farbfotos, kart. ●●

Yoga für Jeden
(**0341**-2) Von K. Zebroff. 156 S., 135 Abb., Spiralbindung. ●●●

Yoga gegen Haltungsschäden und Rückenschmerzen
(**0394**-3) Von A. Raab, 104 S., 215 Abb., kart. ●

Chinesische Punktmassage
Akupressur
(**4419**-4) Von F.T. Lie, 192 S., 332 zweifarbige Abb., Pappband. ●●●

Shiatsu-Massage
Hormonisierung der Energieströme im Körper.
(**0615**-2) Von G. Leibold, 196 S., 180 Abb., kart. ●●●

Diät bei Darmkrankheiten
Durchfall - Divertikulose, Reizdarm und Darmträgheit - einheimische Sprue (Zöllakie) - Disaccharidasemangel - Dünndarmresektion - Dumping Syndrom. Rezeptteil von B. Zöllner. (**3211**-0) Von Prof. Dr. med. G. Strohmeyer, 88 S., 4 Farbtafeln, kart. ●●

Ballaststoffreiche Kost bei Funktionsstörungen des Darms
Rezeptteil von B. Zöllner.
(**3212**-9) Von Prof. Dr. med. H. Kasper, 96 S., 34 Farbfotos, 1 s/w-Foto, kart. ●●

Diät bei Krankheiten des Magens und Zwölffingerdarms
Rezeptteil von B. Zöllner, (**3201**-3) Von Prof. Dr. med. H. Kaess, 96 S., 35 Farbfotos, 1 s/w-Zeichnung, kart. ●●

Diät bei Krankheiten der Gallenblase, Leber und Bauchspeicheldrüse
Rezeptteil von B. Zöllner.
(**3207**-2) Von Prof. Dr. med. H. Kasper, 88 S., 35 Farbfotos, 1 s/w-Zeichnung, kart. ●●

Diät bei Übergewicht
Rezeptteil von B. Zöllner.
(**3209**-9) Von Prof. Dr. med. Ch. Keller, 104 S., 42 Farbfotos, 3 s/w-Zeichnungen, kart. ●●

Diät bei Gicht und Harnsäuresteinen
Rezeptteil von B. Zöllner.
(**3205**-6) Von Prof. Dr. med. N. Zöllner, ca. 100 S., ca. 40 Farbtafeln, kart. ●●

Diät bei Herzkrankheiten und Bluthochdruck
Rezeptteil von B. Zöllner. (**3202**-1) Von Prof. Dr. med. H. Rottka, 92 S., 4 Farbtafeln, kart. ●●

Richtige Ernährung wenn man älter wird
Rezeptteil von B. Zöllner. (**3204**-8) Von Prof. Dr. med. H.-J. Pusch. 96 S., 36 Farbfotos und 3 s/w-Zeichnungen, kart. ●●

Diät bei Erkrankungen der Nieren, Harnwege und bei Dialysebehandlung
Rezeptteil von B. Zöllner. (**3203**-X) Von Prof. Dr. med. Dr. h. c. H. J. Sarre und Prof Dr. med. R. Kluthe, 96 S., 33 Farbfotos, 1 s/w-Zeichnung, kart. ●●

Diät bei Zuckerkrankheit
Rezeptteil von B. Zöllner. (**3206**-4) Von Prof. Dr. med. P. Dieterle, 112 S., 42 Farbfotos, 4 vierfarbige Vignetten, 1 s/w-Zeichnung, kart. ●●

Die aktuelle Colesterin-Tabelle
(**1088**-5) Hersg. von Dr. H. Oberritter, 84 S., 1 zweifarbige Grafiken, kartoniert. ●

Kochen für Diabetiker
Gesund und schmackhaft für die ganze Familie. (**4132**-2) Von M. Toeller, W. Schumacher, A. C. Groote, 224 S., 109 Farbfotos, 94 Zeichnungen, Pappband. ●●●

Neue Rezepte für **Diabetiker-Diät**
Vollwertig - abwechslungsreich - kalorienarm. (**0418**-4) Von M. Oehlrich, 96 S., 8 Farbtafeln, kart. ●

Diät bei Störungen des Fettstoffwechsels und zur Vorbeugung der Arteriosklerose
Rezeptteil von B. Zöllner. (**3208**-0) Von Prof. Dr. med. G. Wolfram. ca. 100 S., ca. 40 Farbfotos, kartoniert. ●●

Garten und Tiere

Garten heute
Der moderne Ratgeber · Über 1000 Farbbilder. (**4283**-3) Von H. Jantra, 384 S., über 1000 Farbabb., Pappband. ●●●●

Blütenpracht in Haus und Garten
Der große praktische Ratgeber mit über 1000 farbigen Abb.
(**4145**-4) Von M. Haberer, u.a. 352 S., 1012 Farbfotos, Pbd. ●●●●

1000 ganz bewährte Garten-Tips
(**4453**-4) Von H. Jantra, 320 S., 288 zweifarbige und 62 s/w-Zeichnungen, Pappband. ●●●

Blütenpracht aus winterharten Blumenzwiebeln
(**0772**-8) Von H. Lass, 112 S., 120 Farbfotos und Zeichnungen, kart. ●●

Erfolgstips für den Obstgarten
Gesunde Früchte durch richtige Sortenwahl und Pflege.
(**0827**-9) Von F. Mühl, 184 S., 16 Farbtafeln, 33 Zeichnungen, kart. ●●

Erfolgstips für den Gemüsegarten
Mit naturgemäßem Anbau zu höherem Ertrag. (**0674**-8) Von F. Mühl, 80 S., 30 s/w-Fotos, 4 Zeichnungen, kart. ●

Mischkultur im Nutzgarten
Mit Jahreskalender und Anbauplänen
(**0651**-9) Von H. Oppel, 112 S., 8 Farbtafeln, 23 s/w-Fotos, 29 Zeichnungen, kart. ●

Der richtige Schnitt von Obst- und Ziergehölzen, Rosen und Hecken
(**0619**-5) Von E. Zettl, 88 S., 8 Farbtafeln, 39 Zeichnungen, 21 s/w-Fotos, kart. ●

Gesunde Zierpflanzen im Garten
Krankheiten erkennen und behandeln
Mit neuem Diagnose-System
(**4429**-1) Von Prof. Dr. G. Stelzer, 208 S., 456 Farbfotos, 5 s/w- und 5 Farbzeichnungen, Pappband. ●●●●

Erfolgstips für den Ziergarten
Schmuckpflanzen und Rasen richtig pflegen
(**0930**-5) Von F. Mühl, 156 S., 12 Farbtafeln, 26 s/w-Zeichnungen, kart. ●●

Erfolgreich gärtnern mit
Frühbeet und Folie
(**0828**-7) Von Dr. Gustav Schoser, 88 S., 8 Farbtafeln, 46 s/w-Fotos, kart. ●

Das Bio-Gartenjahr
Arbeitsplan für naturgemäßes Gärtnern
(**4169**-1) Von N. Jorek, 128 S., 8 Farbtafeln, 70 s/w-Abb., kart. ●●

Erfolgreich gärtnern
durch naturgemäßen Anbau
(**4252**-3) Von I. Gabriel, 416 S., 176 Farbfotos, 212 Farbzeichnungen, Pappband. ●●●

Leben im Naturgarten
Der Biogärtner und seine gesunde Umwelt
(**4124**-1) Von N. Jorek, 128 S., 68 s/w-Fotos, kart. ●●

Aktion Garten ohne Gift
Gesunde Umwelt durch natürlichen Pflanzenschutz
Ein Praxis-Handbuch von E. Hoplitschek u. B.M. Tegethoff. (**4425**-9) 176 S., 250 Farbfotos, 36 Farb- und 29 s/w-Zeichn., Pbd. ●●●●

So wird mein Garten zum Biogarten
Alles über die Umstellung auf naturgemäßen Anbau.
(**0706**-X) Von I. Gabriel, 128 S., 73 Farbfotos, 54 Farbzeichnungen, kart. ●●

Neuanlage eines Biogartens
Planung, Bodenvorbereitung, Gestaltung
(**0721**-3) Von I. Gabriel, 128 S., 73 Farbfotos, 39 Zeichnungen, kart. ●●

Gesunde Pflanzen im Biogarten
Biologische Maßnahmen bei Schädlingsbefall und Pflanzenkrankheiten.
(**0707**-8) Von I. Gabriel, 128 S., 126 Farbfotos, kart. ●●

Obst und Beeren im Biogarten
Gesunde und schmackhafte Früchte durch natürlichen Anbau. (**0780**-9) Von I. Gabriel, 128 S., 109 Farbabb., kart. ●●

Gemüse im Biogarten
Gesunde Ernte durch natürlichen Anbau
(**0830**-9) Von I. Gabriel, 128 S., 26 Farbfotos, 86 Farbzeichnungen, kart. ●●

Kräuter und Heilpflanzen im Biogarten
Gesunde Ernte durch natürlichen Anbau
(**0929**-1) Von I. Gabriel, 112 S., 63 Farbfotos, 19 Farbzeichnungen, kart. ●●

Der biologische Zier- und Wohngarten
Planen, Vorbereiten, Bepflanzen und Pflegen
(**0748**-5) Von I. Gabriel, 128 S., 72 Farbfotos, 46 Farbzeichnungen, kart. ●●

Kosmische Einflüsse auf unsere Gartenpflanzen
Sterne beeinflussen Wachstum und Gesundheit der Pflanzen. (**0708**-6) Von I. Gabriel, 112 S., 100 Farbabb., kart. ●●

Natürlich gärtnern unter Glas und Folie
Anbauen und ernten rund ums Jahr.
(**0722**-1) Von I. Gabriel, 128 S., 107 Farbabb., kart. ●●

Speisepilze aus eigener Zucht
Anbau · Pflege · Zubereitung
(**0909**-7) Von U. Groos, 72 S., 8 Farbtafeln, 16 s/w-Zeichnungen, kart. ●

Dekorative **Kübelpflanzen**
Auswahl und Pflege
(**1074**-5) Von H. Jantra, 112 S., ca. 180 Farbfotos, 35 Farbzeichnungen, kartoniert. ●●

Blütenpracht auf Balkon und Terrasse
(**0928**-3) Von M. Haberer, 88 S., 139 Farbfotos, kart. ●●

Gemüse, Kräuter, Obst aus dem Balkongarten
- Erfolgreich ernten auf kleinstem Raum
(**0694**-2) Von S. Stein, 32 S., 34 Farbfotos, 6 Zeichnungen, Spiralbindung, kart. ●

Grabgestaltung
Bepflanzung und Pflege zu jeder Jahreszeit
(**5120**-4) Von N. Uhl, 64 S., 77 Farbfotos, 2 Zeichnungen, Pappband. ●●

Kleingärten
Planen · Anlegen · Pflegen
(**1015**-X) Von H. Jantra, 88 S., 123 Farbfotos, 1 s/w-Foto, 14 Farbzeichnungen, kart. ●●

Reihenhausgärten
Planen · Anlegen · Pflegen
(**1016**-8) Von H. Jantra, 104 S., 134 Farbfotos, 45 Farbzeichnungen, kart. ●●

Steingärten Wirkungsvoll gestalten und sachgerecht pflegen
(**4452**-6) Von A. Throll-Keller, 128 S., 203 Farbfotos, 56 Farbzeichnungen, Pappband. ●●●●

Gartenteiche, Tümpel und Weiher
naturnah anlegen und pflegen
(**1073**-7) Von Dr. F. Liedl, H. Goos, 80 S., ca. 60 Farbfotos, ca. 40 Farbzeichnungen, kartoniert. ●●

Wasser im Garten
Von der Vogeltränke zum Naturteich - Natürliche Lebensräume selbst gestalten.
(**4230**-2) Von H. Hendel, P. Keßeler, 240 S., 315 Farbabb., 11 s/w-Fotos, Pappband. ●●●●●

Mein kleiner Gartenteich
planen – anlegen – pflegen
(**0851**-1) Von I. Polascheck, 144 S., 108 Farbabb., 6 s/w-Zeichnungen, kart. ●●

Häuser in lebendigem Grün
Fassaden und Dächer mit Pflanzen gestalten
(**0846**-5) Von U. Mehl, K. Werk, 88 S., 116 Farbfotos, 4 Farb-und 17 s/w-Zeichn., kart. ●●

Wintergärten
Das Erlebnis, mit der Natur zu wohnen
Planen, Bauen und Gestalten.
(**4256**-6) Von LOG ID, 136 S., 130 Farbfotos, 107 Zeichnungen, Pappband. ●●●●

Rund ums Jahr erfolgreich gärtnern
Gewächshäuser
planen · bauen · einrichten · nutzen
(**4408**-9) Von Dr. G. Schoser, J. Wolff, 232 S., 368 Farbabb., 5 s/w-Fotos, Pappband. ●●●●●

Ziergräser
Über 100 Arten erfolgreich kultivieren
(**0829**-5) Von H. Jantra, 104 S., 73 Farbfotos, 6 Farbzeichnungen, kart. ●●

Das moderne Handbuch **Zimmerpflanzen**
(**4416**-X) Von H. Jantra, 304 S., 766 Farbfotos, 64 Farb-und 19 s/w-Zeichn., Pappband. ●●●●

365 Erfolgstips für schöne Zimmerpflanzen
(**0893**-7) Von H. Jantra, 144 S., 215 Farbfotos, kart. ●●

Prof. Stelzers grüne Sprechstunde
Gesunde Zimmerpflanzen
Krankheiten erkennen und behandeln · Mit neuem Diagnosesystem.
(**4274**-4) Von Prof. Dr. G. Stelzer, 192 S., 410 Farbfotos, 10 s/w-Zeichnungen, Pappband. ●●●●

Hydrokultur
Pflanzen ohne Erde - mühelos gepflegt
(**0944**-5) Von H.-A. Rotter, 144 S., 167 Farbfotos, 13 Farbzeichnungen, kart. ●●

Zimmerpflanzen in Hydrokultur
Leitfaden für problemlose Blumenpflege.
(**0660**-8) Von H.-A. Rotter, 32 S., 76 Farbfotos, 8 farbige Zeichn., Pappband. ●

Zimmerbäume, Palmen und andere Blattpflanzen
Standort, Pflege, Vermehrung, Schädlinge
(**5111**-5) Von G. Schoser, 96 S., 98 Farbfotos, 7 Zeichnungen, Pappband. ●●

Bonsai Japanische Miniaturbäume und Miniaturlandschaften. Anzucht, Gestaltung und Pflege.
(**4091**-1) Von B. Lesniewicz, 160 S., 106 Farbfotos, 46 s/w-Fotos, 115 Zeichnungen, gebunden. ●●●●●

Keime, Sprossen, Küchenkräuter
am Fenster ziehen - rund ums Jahr
(**0658**-6) Von F. und H. Jantzen, 32 S., 55 Farbfotos, Pappband. ●

Falken-Handbuch **Orchideen**
Lebensraum, Kultur, Anzucht und Pflege.
(**4231**-0) Von G. Schoser, 144 S., 121 Farbfotos, 28 Farbzeichnungen, Pappband. ●●●

Fibel für Kakteenfreunde
(**0199**-1) Von H. Herold, 102 S., 23 Farbfotos, 37 s/w-Abb., kart. ●

Kakteen und andere Sukkulenten
300 Arten mit über 500 Farbfotos.
(**4116**-0) Von G. Andersohn, 316 S., 520 Farbfotos, 193 Zeichnungen, Pappband. ●●●●

Grzimek Juniors **BUNTE TIERWELT**
(**4295**-7) Von Chr. Grzimek, 208 S., 308 Farbfotos, Pappband. ●●●

Falken-Handbuch **Hunde**
(**4118**-7) Von H. Bielfeld, 176 S., 222 Farb- und 73 s/w-Abb., Pappband. ●●●●

Das neue Hundebuch
Rassen · Aufzucht · Pflege
(**0009**-X) Von W. Busack, überarbeitet von Dr. med. vet. A. H. Hacker und H. Bielfeld, 112 S., 8 Farbt., 27 s/w-Fotos, 6 Zeichn., kart. ●

Hundeausbildung
Verhalten - Gehorsam - Ausbildung
(**0346**-3) Von Prof. Dr. R. Menzel, 88 S., 19 Fotos, kart. ●

Grundausbildung für Gebrauchshunde
Schäferhund, Boxer, Rottweiler, Dobermann, Riesenschnauzer, Airedaleterrier, Hovawart und Bouvier.
(**0801**-5) Von M. Schmidt und W. Koch, 104 S., 8 Farbtafeln, 51 s/w-Fotos, 5 s/w-Zeichnungen, kart. ●

Der Hund in der Familie
(**1014**-1) Von J. Werner, 128 S., 106 Farbfotos, kartoniert. ●●

Der Deutsche Schäferhund
Aufzucht, Pflege und Ausbildung.
(**0073**-1) Von A. Hacker, 104 S., 56 Abb., kart. ●

Alles über junge Hunde
(**0863**-5) Von Dr. med. vet. E.M. Bartenschlager, 64 S., 49 Farbfotos, 6 Zeichnungen, kart. ●

Richtige Hundeernährung
(**0811**-2) Von Dr. med. vet. E.M. Bartenschlager, 80 S., 51 Farbfotos, 4 Farbzeichn., kart. ●

Hundekrankheiten
(**1077**-X) Von Dr. med. vet. R. Spangenberg, 96 S., 44 Farb- und 1 s/w-Foto, 22 Farbzeichnungen, kartoniert. ●●

Falken-Handbuch **Katzen**
(**4158**-6) Von B. Gerber, 176 S., 294 Farb- und 88 s/w-Fotos, Pappband. ●●●●

Das neue Katzenbuch
Rassen · Aufzucht · Pflege.
(**0427**-3) Von B. Eilert-Overbeck, 120 S., 14 Farbfotos, 26 s/w-Fotos, kart. ●

Junge Katzen
(**0862**-7) Von Dr. med. vet. E.M. Bartenschlager, 72 S., 40 Farbf., 4 Farbzeichn., kart. ●

Falken-Handbuch **Pferde**
(**4186**-1) Von H. Werner, 176 S., 196 Farb- und 50 s/w-Fotos, 100 Zeichn., Pappband. ●●●●

Reiten im Bild
(**0415**-X) Von H. Werner, 128 S., 142 Farbfotos, 107 Farbzeichng., kartoniert. ●●

Der Hobby-Imker
(**0978**-X) Von Dr. R.F.A. Moritz, 144 S., 106 zweifarbige Zeichnungen, kart. ●●

Geflügelhaltung als Hobby
(**0749**-3) Von M. Baumeister, H. Meyer, 184 S., 8 Farbtafeln, 47 s/w-Fotos, 15 zweif. Zeichnungen, kart. ●●

Sittiche und kleine Papageien
(**0864**-3) Von Dr. med. vet. E.M. Bartenschlager, 88 S., 84 Farbfotos, 9 Zeichnungen, kart. ●

Alles über **Kanarienvögel**
(**0901**-1) Von H. Schnoor, 64 S., 58 Farbfotos und Zeichnungen, kartoniert. ●

Die Tiersprechstunde
Artgerechte Vogelfütterung im Winter
(**0908**-9) Von Dr. W. Keil, 64 S., 51 Farbfotos und Zeichnungen, kartoniert. ●

Papageien und Sittiche
Arten · Pflege · Sprechunterricht
(**0591**-1) Von H. Bielfeld, 112 S., 8 Farbtafeln, kart. ●

Süßwasser-Aquarium
(**4191**-8) Von H. J. Mayland, 288 S., 564 Farbfotos, 75 Zeichnungen, Pappband. ●●●●

Das Süßwasser-Aquarium
Einrichtung · Pflege · Fische · Pflanzen
(**0153**-3) Von H. J. Mayland, 152 S., 16 Farbtafeln, 43 s/w-Zeichnungen, kart. ●●

Die Tiersprechstunde
Gesunde Fische im Süßwasseraquarium
(**1013**-3) Von H. J. Mayland, 96 S., 73 Farbfotos, 10 Zeichng., kartoniert. ●

Tiere im Wassergarten
(**0808**-2) Von Dr. med. vet. E.M. Bartenschlager, 96 S., 84 Farbf., 7 Zeichn., kart. ●

Die Tiersprechstunde
Alles über Zwerg- und Goldhamster
(**1012**-5) Von M. Mettler, 96 S., 96 Farbfotos, kartoniert. ●

Alles über Meerschweinchen
(**0809**-0) Von Dr. med. vet. E.M. Bartenschlager, 72 S., 43 Farbf., 11 Farbzeichn., kart. ●

Alle über Igel in Natur und Haus
(**0810**-4) Von Dr. med. vet. E.M. Bartenschlager, 68 S., 51 Farbfotos, kart. ●

Falken-Handbuch **Umweltschutz**
Das Öko-Testbuch zur Eigeninitiative.
(**4160**-8) Von M. Häfner, 352 S., 411 Farbf., 152 Farbzeichnungen, Pappband. ●●●●

Rat und Wissen

Traumreisen
Unterwegs auf den schönsten Straßen der Welt
(**4468**-2) Von T. Pehle, 192 S., 312 Farbfotos, 12 Übersichtskarten, Pappband. ●●●●

Vom Morgenland ins Reich der Abendgöttin
Lebensbilder aus dem Nahen und Fernen Osten
(**4449**-6) Von J. Schneider, H. Schoen, 160 S., 266 Farbfotos, 1 farbige Karte, Pappband. ●●●●

Keinen Mann um jeden Preis
Das neue Selbstverständnis der Frau in der Partnerbeziehung
(**4440**-2) Von Shere Hite, Kate Colleran, 208 S., Pappband. ●●●

Haushaltstips praktisch und umweltfreundlich
(**1046**-X) Von K. Winkell, 96 S., 36 Zeichnungen, kartoniert. ●

Umgangsformen heute
Die Empfehlungen des Fachausschusses für Umgangsformen (**4015**-6) 252 S., 108 s/w-Fotos, 17 Zeichnungen, Pappband. ●●●

Benehmen bei Tisch
(**0988**-7) Von I. Cording, 80 S., 90 Farbfotos, 5 s/w-Zeichnungen, kart. ●●

Der gute Ton
in Gesellschaft und Beruf
(**0063**-4) Von I. Wolter, 80 S., 42 s/w-Fotos, 7 Zeichnungen, kartoniert. ●

Familienforschung · Ahnentafel · Wappenkunde
Wege zur eigenen Familienchronik
(**0744**-2) Von P. Bahn, 128 S., 8 Farbtafeln, 30 Abbildungen, kart. ●●

Wie soll es heißen?
(**0211**-4) Von D. Köhr, 136 S., kart. ●

Die Silberhochzeit
Vorbereitung · Einladung · Geschenkvorschläge · Dekoration · Festablauf · Menüs · Reden · Glückwünsche. (**0542**-3) Von K.F. Merkle, 112 S., 41 Zeichnungen, kart. ●

Wir feiern Hochzeit
Phantasievolle und moderne Festgestaltung
(**0943**-7) Von H.J. Winkler, 112 S., kart. ●

Wir heiraten
Ratgeber zur Vorbereitung und Festgestaltung der Verlobung und Hochzeit. (**4188**-8) Von C. Poensgen, 216 S., 8 s/w-Fotos, 30 s/w-Zeichn., 8 Farbt., Pappband. ●●●

Von der Verlobung zur Goldenen Hochzeit
(**0393**-5) Von E. Ruge, 112 S., kart. ●

Hochzeits- und Bierzeitungen
Muster, Tips und Anregungen. (**0288**-2) Von H.-J. Winkler, mit vielen Text- und Gestaltungsanregungen, 116 S., 15 Abb., 1 Musterzeitung, kart. ●

Moderne Korrespondenz
Handbuch für erfolgreiche Briefe
(**4014**-8) Von H. Kirst und W. Manekeller, 544 S., Pappband. ●●●●

Der richtige Brief
zu jedem Anlaß
Das moderne Handbuch mit 400 Musterbriefen
(**4179**-9) Von H. Kirst, 376 S., Pappband. ●●●

Musterbriefe
für alle Gelegenheiten. (**0231**-9) Hrsg. von O. Fuhrmann, 240 S., kart. ●●

Privatbriefe
Muster für alle Gelegenheiten. (**0114**-2) Von I. Wolter-Rosendorf, 112 S., kart. ●

Der neue Briefsteller
Musterbriefe für alle Gelegenheiten.
(**0060**-X) Von I. Wolter-Rosendorf, 96 S., kart. ●

Erfolgstips für den Schriftverkehr
Briefgestaltung · Rechtschreibung · Zeichensetzung · Stil. (**0678**-0) Von U. Schoenwald, 112 S., kart. ●

Geschäftliche Briefe
des Privatmanns, Handwerkers, Kaufmanns
(**0041**-3) Von A. Römer, 124 S., kart. ●

Behördenkorrespondenz
Musterbriefe · Anträge · Einsprüche
(**0412**-5) Von E. Ruge, 112 S., kart. ●

FALKEN-Software
TEXAD
Das komfortable Korrespondenzprogramm für den privaten und geschäftlichen Bereich
(**7017**-9) 2 Disketten für IBM-PC + Kompatible, 5 1/4'', mit Begleitheft, Einführungspreis: **DM 198,–***, S 1980,–*, SFr 193,30 bis 11.10.1990, danach **DM 258,–***, S 2580,–*, SFr 251,70.
(**7048**-9) Diskette 3 1/2'', mit Handbuch. ●●●●●*

(**7049**-7) Demo-Version 5 1/4'', o. Handbuch. ●●*

(**7050**-0) Demo-Version 3 1/2'', o. Handbuch. ●●*

Worte und Briefe der Anteilnahme
(**0464**-8) Von E. Ruge, 96 S., mit vielen Abb., kart. ●

Briefe zu Geburt und Taufe
Glückwünsche und Danksagungen. (**0802**-3) Von H. Beitz, 96 S., 12 Zeichnungen, kart. ●

Briefe zum Geburtstag
Glückwünsche und Danksagungen. (**0822**-8) Von H. Beitz, 104 S., 22 Zeichnungen, kart. ●

Briefe der Liebe
Anregungen für gefühlvolle und zärtliche Worte. (**0903**-8) Hrsg. von H. Beitz, 96 S., 4 Zeichnungen, kart. ●

Briefe zur Hochzeit
Glückwünsche und Danksagungen
(**0852**-X) Von R. Röngen, 96 S., 1 Zeichnung, 39 Vignetten, kart. ●

Reden und Ansprachen
für jeden Anlaß. (**4009**-1) Hrsg. von F. Sicker, 454 S., gebunden. ●●●●

Die Kunst der freien Rede
Ein Intensivkurs mit vielen Übungen, Beispielen und Lösungen.
(**4189**-6) Von G. Hirsch, 232 S., 11 Zeichnungen, Pappband. ●●●

Die überzeugende Rede
Mehr Erfolg durch bessere Rhetorik
(**0076**-6) Von K. Wolter, G. Kunz, 96 S., kart. ●

Festreden und Vereinsreden
Muster für alle Gelegenheiten
(**0069**-3) Von K. Lehnhoff, E. Ruge, 96 S., kart. ●

Trinksprüche, Gästebuchverse, Richtsprüche
(**0224**-6) Von D. Kellermann, 96 S., kart. ●

Trinksprüche
Fest- und Damenreden in Reimen
(**0791**-4) Von L. Metzner, 96 S., 14 s/w-Zeichnungen, kart. ●

Glückwünsche, Toasts und Festreden zur Hochzeit
(**0264**-5) Von I. Wolter, 112 S., 18 Zeichnungen, kart. ●

Reden zur Taufe, Kommunion und Konfirmation
(**0751**-5) Von G. Georg, 96 S., kart. ●

Reden zur Hochzeit
Musteransprachen für Hochzeitstage
(**0654**-3) Von G. Georg, 112 S., kart. ●

Reden zu Familienfesten
Musteransprachen für viele Gelegenheiten (**0675**-6) Von G. Georg, 112 S., kart. ●

Reden zum Geburtstag
Musteransprachen für familiäre und offizielle Anlässe. (**0773**-6) Von G. Georg, 96 S., kart. ●

Reden im Verein
Musteransprachen für viele Gelegenheiten (**0703**-5) Von G. Georg, 112 S., kart. ●

Reden zum Jubiläum
Musteransprachen für viele Gelegenheiten (**0595**-4) Von G. Georg, 112 S., kart. ●

Reden und Sprüche zu Grundsteinlegung, Richtfest und Einzug
(**0598**-0) Von A. Bruder, G. Georg, 96 S., kart. ●

Reden zum Ruhestand
Musteransprachen zum Abschluß des Berufslebens (**0790**-6) Von G. Georg, 104 S., kart. ●

Neue Glückwunschfibel
für groß und klein. (**0156**-8) Von R. Christian-Hildebrandt, 96 S., 13 Vignetten, kart. ●

Großes Buch der Glückwünsche
(**0255**-6) Hrsg. von O. Fuhrmann, 176 S., 77 Zeichnungen und viele Gestaltungsvorschläge, kart. ●●

Herzliche Glückwünsche!
Die schönsten Gedichte und Texte für viele Gelegenheiten. (**0942**-9) Hrsg. Von B.H. Bull, 256 S., 50 Zeichnungen, Pappband. ●●

Der Verseschmied
Kleiner Leitfaden für Hobbydichter. Mit Reimlexikon. (**0597**-0) Von T. Parisius, 96 S., 28 Zeichnungen, kart. ●

Verse fürs Poesiealbum
(**0241**-6) Von I. Wolter, 96 S., 20 Abb., kart. ●

Rosen, Tulpen, Nelken…
Beliebte Verse fürs Poesiealbum
(**0431**-1) Von W. Pröve, 96 S., 11 Faksimile-Abb., kart. ●

Kindergedichte zur grünen, silbernen und goldenen Hochzeit
(**0318**-8) Von H.-J. Winkler, 104 S., 20 Abb., kart. ●

Glückwunschverse für Kinder
(**0277**-7) Von B. Ulrici, 80 S., kart. ●

Kindergedichte für Familienfeste
(**0860**-0) Von B.H. Bull, 96 S., 20 Zeichnungen, kart. ●

Kindergedichte rund ums Jahr
(**1040**-0) Von A. Schweiggert, 80 S., 49 Zeichnungen, 6 Vignetten, kartoniert. ●

Ins Gästebuch geschrieben
(**0576**-8) Von K.H. Trabeck, 96 S., 24 Zeichnungen, kart. ●

Die schönsten Wander- und Fahrtenlieder
(**0462**-1) Hrsg. Von F.R. Miller, empfohlen vom Deutschen Sängerbund, 80 S., mit Noten und Zeichnungen, kart. ●

Die schönsten Volkslieder
(**0432**-X) Hrsg. Von D. Walther, 128 S., mit Noten und Zeichnungen, kart. ●

Erziehungsgeld, Mutterschutz, Erziehungsurlaub
Das neue Recht für Eltern
(**0835**-X) Von J. Grönert, 144 S., kart. ●

Liebe ja – Ehe nein
Die nichteheliche Lebensgemeinschaft
(**1071**-0) Von T. Drewes, 104 S., 8 s/w-Zeichnungen, kartoniert. ●

Scheidung und Unterhalt
nach dem neuen Eherecht. (**0403**-6) Von T. Drewes, 112 S., mit Kosten und Unterhaltstabellen, kart. ●

Was heißt hier minderjährig?
(**0765**-5) Von R. Rathgeber, C. Rummel, 148 S., 50 Fotos, 25 Zeichnungen, kart. ●●

Testament und Erbschaft
Erbfolge, Rechte und Pflichten der Erben, Erbschafts-und Schenkungssteuer, Mustertestamente. (**4139**-X) Von T. Drewes, R. Hollender, 304 S., Pappband. ●●●

Erbrecht und Testament
Mit Erläuterungen des Erbschaftssteuergesetzes von 1974. (**0046**-4) Von Dr. jur. H. Wandrey, 124 S., kart. ●

Der letzte Wille
Ratgeber für Erblasser, Erben und Hinterbliebene in Rechts-, Versorgungs- und Steuerfragen
(**0939**-9) Von T. Drewes, 136 S., 9 s/w-Zeichnungen, kart. ●●

Mietrecht
Leitfaden für Mieter und Vermieter
(**0479**-6) Von J. Beuthner, 196 S., kart. ●●

Präzise Ratschläge für **Ihre optimale Rente**
Vorbereitung · Berechnungsgrundlagen · Gesetzesänderungen · Individuelle Rechenbeispiele. (**0806**-6) Von K. Möcks, 96 S., 24 Formulare, 1 Graphik, kart. ●

Das große farbige Kinderlexikon
(**4195**-0) Von U. Kopp, 320 S., 493 Farbabb. 17 s/w-Fotos, Pappband. ●●●

Gitarre spielen
Ein Grundkurs für den Selbstunterricht
(**0534**-2) Von A. Roßmann, 96 S., 1 Schallfolie, 150 Zeichnungen, kart. ●●●

So lernt man leicht und schnell
Maschinenschreiben
Lehrbuch für Schulen, Lehrgänge und Selbstunterricht. (**0568**-7) Von M. Kempkes, 112 S., 48 Zeichnungen, kart. ●●

FALKEN-Software
Maschinenschreiben
In 10 Tagen spielend gelernt. Von Unterichtsmedien Hoppius. (**7008**-X) Diskette für den C 64 und C 128 PC ●●●●*

FALKEN-Software
Maschinenschreiben und Tastaturtraining für Computer
(**7009**-8) Von B. Hoppius, Diskette 5 1/4'' u. 3 1/2'' für IBM PC + Kompatible, mit Begleitheft. ●●●●●*

Maschinenschreiben im Selbstunterricht
(**0170**-3) Von A. Fonfara, 88 S., kart. ●

Buchführung leicht gemacht
Ein methodischer Grundkurs für den Selbstunterricht. (**4238**-8) Von D. Machenheimer, R. Kersten, 252 S., Pappband. ●●●

Buchführung leicht gefaßt
Für Handwerker, Gewerbetreibende und freiberuflich Tätige. (**0127**-4) Von R. Pohl. 104 S., kart. ●

Stenografie leicht gelernt
im Kursus oder Selbstunterricht
(**0266**-1) Von H. Kaus, 64 S., kart. ●

Erfolgreiche Bewerbung um einen Ausbildungsplatz
(**0715**-9) Von H. Friedrich, 128 S., kart. ●

Bewerbungsstrategien
Erfolgreiche Konzepte für Karrierebewußte (**1027**-3) Von Dr. W. Reichel, 128 S., kartoniert. ●●

Die Bewerbung
Der moderne Ratgeber für Bewerbungsbriefe, Lebenslauf und Vorstellungsgespräche. (**4138**-1) Von W. Manekeller, 264 S., Pappband. ●●

Lebenslauf und Bewerbung
Beispiele für Inhalt, Form und Aufbau
(**0428**-1) Von H. Friedrich, 112 S., kart. ●

Die erfolgreiche Bewerbung
Bewerbung und Vorstellung. (**0173**-8) Von W. Manekeller, U. Schoenwald, 144 S., kart. ●●

Erfolgreiche Bewerbungsbriefe und Bewerbungsformen
(**0138**-X) Von W. Manekeller, U. Schoenwald, 88 S., kart. ●

Die Handschrift als Spiegel des Charakters
Graphologie
(**1025**-7) Von Dr. W. Busch, 104 S., 87 Schriftproben, kartoniert. ●

Vorstellungsgespräche
sicher und erfolgreich führen. (**0636**-5) Von H. Friedrich, 144 S., kart. ●

Keine Angst vor Einstellungstests
Ein Ratgeber für Bewerber. (**0793**-6) Von Ch. Titze. 120 S., 67 Zeichnungen, kart. ●

FALKEN-Software
Einstellungstests
(**7013**-6) Von B. Hoppius, Wendediskette für C 64/C 128 PC, mit Begleitheft, ●●●●*

Die ersten Tage am neuen Arbeitsplatz
Ratschläge für den richtigen Umgang mit Kollegen und Vorgesetzten
(**0855**-4) Von H. Friedrich, 104 S., kart. ●

Zeugnisse im Beruf
richtig schreiben, richtig verstehen
(**0544**-X) Von H. Friedrich, 112 S., kart. ●

So werde ich erfolgreich
Ratschläge und Tips für Beruf und Privatleben. (**0918**-6) Von H. Hans, 104 S., kart. ●●

Wege zum Börsenerfolg
Aktien · Anleihen · Optionen
(**4275**-2) Von H. Krause, 252 S., 4 s/w-Fotos, 86 Zeichnungen, Pappband. ●●●

FALKEN-Software
Börsenfieber
Spielend spekulieren mit Geld und Aktien
(**7016**-0) IBM PC und Kompatible, Diskette 5 1/4'', mit Begleitheft, ●●●●●*

Konvertierungen:
(**7026**-8) für C 64/C 128 PC, mit Begleitheft
(**7027**-6) für Atari ST 520/1040, mit Begleitheft
(**7028**-4) für Amiga, mit Begleitheft
(**7044**-6) für IBM PC + Kompatible, Diskette 3 1/2'', mit Begleitheft

Schülerlexikon der Mathematik
Formeln, Übungen und Begriffserklärungen für die Klassen 5–10. (**0430**-3) Von R. Müller, 176 S., 96 Zeichnungen, kart. ●

Mathematik verständlich
Zahlenbereiche Mengenlehre, Algebra, Geometrie, Wahrscheinlichkeitsrechnung, Kaufmännisches Rechnen. (**4135**-7) Von R. Müller, 652 S., 10 s/w- und 109 Farbfotos, 802 Farbabb. und 79 s/w-Zeichnungen, über 2500 Beispiele und Übungen mit Lösungen, Pappband. ●●●●●

Mehr Erfolg in der Schule **Mathematik 1**
Arithmetik und Algebra
Übungen, Beispiele und Lösungen für die Klasse 5 bis 10
(**4420**-8) Von R. Müller-Fonfara, 256 S., 193 Zeichn., 2 s/w-Fotos, Pappband. ●●●

Mathematik 2
Geometrie, Statistik, Wahrscheinlichkeitsrechnung und kaufmännisches Rechen
(**4456**-9) Von R. Müller-Fonfara, W. Scholl, 256 S., 6 s/w-Fotos, 304 Zeichnungen, Pappband. ●●●

Mathematische Formeln für Schule und Beruf
Mit Beispielen und Erklärungen. (**0499**-0) Von R. Müller-Fonfara, 156 S., 210 Zeichnungen, kart. ●

Rechnen aufgefrischt für Schule und Beruf. (**0100**-2) Von H. Rausch, 144 S., kart. ●

FALKEN-Software
Wirtschaftsrechnen in Beruf und Alltag
(**7037**-3) Diskette für IBM-PC und Kompatible, mit Begleitheft. ●●●●●*

Physik verständlich
Förderkurs für die Klassen 7 bis 10
(**0926**-7) Von Dr. Th. Neubert, 136 S., 146 s/w-Zeichnungen, 166 Aufgaben, kart. ●●

Richtige Groß- und Kleinschreibung
durch neue, vereinfachte Regeln. Erläuterungen der Zweifelsfragen anhand vieler Beispiele. (**0897**-X) Von Prof. Dr. Ch. Stetter, 96 S., kart. ●

Gutes Deutsch schreiben und sprechen
(**4432**-1) Von W. Manekeller, Dr. G. Reinert-Schneider, 416 S., durchgehend zweifarbig, Pappband. ●●●●

Deutsche Grammatik
Ein Lern- und Übungsbuch. (**0704**-3) Von K. Schreiner, 112 S., kart. ●

Mehr Erfolg in der Schule
Deutsche Rechtschreibung und Grammatik
Übungen und Beispiele für die Klassen 5–10. (**4407**-0) Von K. Schreiner, 256 S., durchgehend zweifarbig, Pappband. ●●●

Richtiges Deutsch
Rechtschreibung · Zeichensetzung · Grammatik · Stilkunde. (**0551**-2) Von K. Schreiner, 128 S., 7 Zeichnungen, kart. ●

Mehr Erfolg in der Schule
Der Deutschaufsatz
Übungen und Beispiele für die Klassen 5–10. (**4271**-X) Von K. Schreiner, 240 S., 4 s/w-Fotos, 51 Zeichnungen, Pappband. ●●●

Aufsätze besser schreiben
Förderkurs für die Klassen 4–10. (**0429**-X) Von K. Schreiner, 144 S., 4 s/w-Fotos, 27 Zeichnungen, kart. ●●

Mehr Erfolg in Schule und Beruf
Besseres Deutsch
Mit Übungen und Beispielen für Rechtschreibung, Diktate, Zeichensetzung, Aufsätze, Grammatik, Literaturbetrachtung, Stil, Briefe, Fremdwörter, Reden. (**4115**-2) Von K. Schreiner, 444 S., 7 s/w-Fotos, 27 Zeichnungen, Pappband. ●●●

Richtige Zeichensetzung
durch neue, vereinfachte Regeln. Erläuterungen der Zweifelsfragen anhand vieler Beispiele. (**0744**-4) Von Prof. Dr. Ch. Stetter, 160 S., kart. ●

Diktate besser schreiben
Übungen zur Rechtschreibung für die Klasse 4–8. (**0469**-9) Von K. Schreiner, 152 S., 31 Zeichnungen, kart. ●

Besseres Englisch
Grammatik und Übungen für die Klassen 5 bis 10. (**0745**-0) Von E. Henrichs, 144 S., kart. ●●

Mehr Erfolg in der Schule
Englische Grammatik
Regeln und Übungen für die Klassen 5 bis 13 (**4431**-3) Von E. Heinrichs-Kleinen, 256 S., durchgehend zweifarbig, Pappband. ●●●

FALKEN-Software
The Grammar-Master
Englische Grammatik üben und beherrschen (**7002**-0) Diskette für den C 64/C 128 PC ●●●●*

Konvertierungen:
(**7030**-6) Diskette für IBM PC + Kompatible, mit Begleitheft. ●●●●●*
(**7031**-4) Diskette für Atari ST 520/1040, mit Begleitheft. ●●●●●*
(**7032**-2) Diskette für Amiga, mit Begleitheft. ●●●●●*

FALKEN-Software
Take a Trip to Britain
(**7004**-7) Von reLine, Diskette für C 64/C 128 PC, mit Begleitheft. ●●●●*

Konvertierungen:
(**7039**-X) Diskette 5 1/4'' für IBM PC + Kompatible, mit Begleitheft. ●●●●●*

FALKEN-Software
Vokabeltrainer Englisch
Von B. Hoppius. (**7001**-2) 2 Disketten für C 64/C 128 PC, mit Begleitheft. ●●●●●*
(**7007**-1) Wendediskette für Atari ST 520/1040, mit Begleitheft. ●●●●●*

FALKEN-Software
Vokabel Trainer Französisch
Über 2000 Vokabeln und Redewendungen (**7018**-7) Systemdiskette u. Wendediskette für C 64/C 128 PC, mit Begleitheft, (**7019**-5) Diskette für IBM-PC und Komp., mit Begleitheft. ●●●●●

FALKEN-Software
Bon voyage
Spielend Französisch lernen mit dem Computer
(**7036**-5) Diskette für IBM PC + Kompatible, mit Begleitheft. ●●●●●*

Konvertierungen:
(**7042**-X) Diskette für Atari ST 520/1040, mit Begleitheft. ●●●●●*
(**7043**-8) Diskette für Amiga, mit Begleitheft. ●●●●●*

FALKEN-Software
Vokabel Trainer Latein
(**7022**-5) Von B. Hoppius, Wendediskette für C 64/C 128 PC, mit Begleitheft. ●●●●●

Konvertierungen:
(**7033**-0) Diskette für IBM PC + Kompatible, mit Begleitheft. ●●●●●*

Schnell und sicher zum Führerschein
Tips und Tricks aus 30jähriger-Fahrschul-Praxis. (**0921**-6) Von O. Einert, 152 S., 156 Farbfotos, 161 z.T. farb. Zeichnungen, kart. ●●

FALKEN-Software
Schnell und sicher zum Führerschein
Intensivtraining mit dem amtlichen Fragenkatalog
(**7011**-X) Diskette für C 64/C 128 PC, mit Begleitheft und Fragenkatalog. ●●●●●*

Konvertierungen:
(**7024**-1) Diskette für Atari ST 520/1040, mit Begleitheft. ●●●●●*
(**7029**-2) Diskette für Amiga, mit Begleitheft. ●●●●●*

Die neue Lebenshilfe **Biorhythmik**
Höhen und Tiefen der persönlichen Lebenskurven vorausberechnen und danach handeln. (**0458**-3) Von W. A. Appel, 157 S., 63 Zeichnungen, Pappband. ●●

Wie Sie im Schlaf das Leben meistern
Schöpferisch träumen
Der Klartraum als Lebenshilfe
(**4258**-2) Von Prof. D. P. Tholey, K. Utecht. 280 S., 1 s/w-Foto, 20 Zeichn., Pbd. ●●●

Falken-Handbuch **Astrologie**
Charakterkunde · Schicksal · Liebe und Beruf Berechnung und Deutung von Horoskopen · Aszendenttabelle. (**4068**-7) Von B.A. Mertz, 342 S., mit 60 erläuternden Grafiken, Pappband. ●●●

Wahrsagen mit Tarot-Karten
(**0482**-6) Von E.J. Nigg, 112 S., 4 Farbtafeln, 52 s/w-Abb., Pappband. ●

Selbst wahrsagen mit Karten
Die Zukunft in Liebe, Beruf und Finanzen (**0404**-4) Von R. Koch, 80 S., 252 Abb., Pappband. ●

Die 12 Tierzeichen
Chinesisches Horoskop
(**0423**-0) Von G. Haddenbach, 128 S., Pappb. ●

Die 12 Sternzeichen
Charakter, Liebe und Schicksal. (**0385**-4) Von G. Haddenbach, 136 S., kart. ●●

Partnerschaftshoroskop
Glück und Harmonie mit Ihrem Traumpartner. (**0587**-3) Von G. Haddenbach, 112 S., 11 Zeichnungen, kart. ●

Sternstunden
für Liebe, Glück und Geld, Berufserfolg und Gesundheit. Das ganz persönliche Mitbringsel für **Widder** (**0621**-7), **Stier** (**0622**-5), **Zwillinge** (**0623**-3), **Krebs** (**0624**-1), **Löwe** (**0625**-7), **Jungfrau** (**0626**-8), **Waage** (**0627**-6), **Skorpion** (**0628**-4), **Schütze** (**0629**-2), **Steinbock** (**0630**-6), **Wassermann** (**0631**-4), **Fische** (**0632**-2) Von L. Cancer, 62 S., durchgehend farbig, Zeichnungen, Pappband. ●

Im Zeichen der Sterne
(**0951**-8) Der feurige Widder
(**0952**-6) Der willensstarke Stier
(**0953**-4) Die vielseitigen Zwillinge
(**0954**-2) Der feinfühlige Krebs
(**0955**-0) Der königliche Löwe
(**0956**-9) Die zuverlässige Jungfrau
(**0957**-7) Die charmante Waage
(**0958**-5) Der leidenschaftliche Skorpion
(**0959**-3) Der temperamentvolle Schütze
(**0960**-7) Der treue Steinbock
(**0961**-5) Der selbstbewußte Wassermann
(**0962**-3) Die romantischen Fische
Von G. Haddenbach, 64 S., 35 Farbfotos, Pappband. ●

Humor und Unterhaltung

Heitere Vorträge
(**0528**-8) Von E. Müller, 128 S., 14 Zeichnungen, kart. ●

So feiert man Feste fröhlicher
Heitere Vorträge und Gedichte
(**0098**-7) Von Dr. Allos, 96 S., 15 Abb., kart. ●

Heitere Vorträge und witzige Reden
Lachen, Witz und gute Laune
(**0149**-5) Von E. Müller, 104 S., 44 Abb., kart. ●

Lustige Vorträge für fröhliche Feiern
(**0284**-X) Von K. Lehnhoff, 96 S., kart. ●

Da lacht das Publikum
Neue lustige Vorträge für viele Gelegenheiten. (**0716**-7) Von H. Schmalenbach, 96 S., kart. ●

Humor und Stimmung
Ein heiteres Vortragsbuch
(**0460**-5) Von G. Wagner, 112 S., kart. ●

Gereimte Vorträge
für Bühne und Bütt. (**0567**-9) Von G. Wagner, 96 S., kart. ●

Narren in der Bütt
Leckerbissen aus dem rheinischen Karneval (**0216**-5) Zusammengestellt von T. Lücker, 112 S., kart. ●

Damen in der Bütt
Scherze, Büttenreden, Sketche
(**0354**-4) Von T. Müller, 136 S., kart. ●

Rings um den Karneval
Karnevalsscherze und Büttenreden
(**0130**-4) Von Dr. Allos, 144 S., 2 Zeichnungen, kart. ●●

Wir feiern Karneval
Festgestaltung und Reden für die närrische Zeit. (**0904**-6) Von M. Zweigler, 120 S., 7 Zeichnungen, kart. ●

Helau und Alaaf 1 Närrisches aus der Bütt (**0304**-8) Von E. Müller, 112 S., 4 Zeichnungen, kart. ●

Helau und Alaaf 2
Neue Büttenreden für Sie und Ihn
(**0477**-X) Von E. Luft, 96 S., kart. ●

Helau und Alaaf 3
Neue Reden für die Bütt. (**0832**-5) Von H. Fauser, 112 S., 13 Zeichnungen, kart. ●

Helau und Alaaf 4
Neue Büttenreden für Sie und Ihn (**0983**-6) Hrsg. H. Fauser, 96 S., 15 s/w-Zeichn., zahlreiche Vignetten, kart. ●

Locker vom Hocker
Witzige Sketche zum Nachspielen (**4262**-0) Von W. Giller, 144 S., 41 Zeichnungen, Pappband. ●●

Sketche und Blackouts zum Nachspielen
(**0941**-0) Von E. Cohrs, 112 S., 12 Zeichnungen, kart. ●

Sketche und spielbare Witze
für bunte Abende und andere Feste. (**0445**-1) Von H. Friedrich, 112 S., 7 Zeichnungen, kart. ●

Sketche
Kurzspiele zu amüsanter Unterhaltung. (**0247**-5) Von M. Gering, 96 S., 4 s/w-Zeichnungen, kart., ●

Vorhang auf!
Neue Sketche für jung und alt. (**0898**-8) Von H. Pillau, 96 S., 22 Zeichnungen, kart. ●

Witzige Sketche zum Nachspielen
(**0511**-3) Von D. Hallervorden, 112 S., kart. ●●

Tolle Sketche
mit zündenden Pointen – zum Nachspielen. (**0656**-X) Von E. Cohrs, 112 S., kart. ●

Vergnügliche Sketche
(**0476**-1) Von H. Pillau, 96 S., 7 Zeichn., kart. ●

Lustige Sketche
Kurze Theaterstücke für Jungen und Mädchen (**0669**-1) Von U. Lietz, U. Lange, 96 S., kart. ●

Spielbare Witze für Kinder
(**0824**-4) Von H. Schmalenbach, 112 S., 30 Zeichnungen, kart. ●

Witze
Lachen am laufenden Band (**4241**-8) Von J. Burkert, D. Kroppach; 400 S., 41 Zeichnungen, Pappband. ●●

Die besten Kalauer
(**0705**-1) Von K. Frank, 112 S., 12 Zeichnungen, kart. ●

Die besten Beamtenwitze
(**0574**-1) Von W. Pröve, 80 S., 39 Zeichnungen, kart. ●

O frivol ist mir am Abend
Pikante Witze von Fred Metzler. (**0388**-9) Von F. Metzler, 128 S., mit Karikaturen, kart. ●

Fips Asmussens Witze
am laufenden Band (**0461**-3) 96 S., kart. ●

Spaßvögel
Über sexhundert komische Nummern (**0888**-0) Von E. Zeller, mit Limericks Von W. Müller, 220 S., 200 Vignetten, kart. ●

Heller Wahnwitz
(**0887**-2) Von D. Kroppach, 220 S., 200 Vignetten, kart. ●

Die Kleidermotte ernährt sich von nichts, sie frißt nur Löcher
Stilblüten, Sprüche und Widersprüche aus Schule, Zeitung, Rundfunk und Fernsehen. (**0738**-8) Von P. Haas, D. Kroppach, 112 S., zahlreiche Abb. kart. ●

Witzig, witzig
(**0507**-5) Von E. Müller, 128 S., 16 Zeichnungen, kart. ●

Die besten Kinderwitze
(**0757**-4) Von K. Rank, 112 S., 28 Zeichnungen, kart. ●

Ich lach mich kaputt!
Die besten Kinderwitze
(**0545**-8) Von E. Hannemann, 96 S., 10 Zeichnungen, kart. ●

Lach mit!
Witze für Kinder, gesammelt von Kindern. (**0468**-0) Von W. Pröve, 96 S., 17 Zeichnungen, kart. ●

Die besten Kurzgeschichten von Mark Twain
(**4458**-5) Ausgewählt von D. Zimmer, 128 S., Pappband. ●

Kritik des Herzens
Heiter-besinnliche Verse von Wilhelm Busch
(**4459**-3) Herausgegeben von D. Zimmer, 96 S., Pappband. ●

Die schönsten Galgenlieder von Christian Morgenstern
(**4460**-7) Ausgewählt von D. Zimmer, 128 S., Pappband. ●

Scherz und Satire von Roda Roda
(**4462**-3) Ausgewählt von D. Zimmer, 112 S., Pappband. ●

Beliebte Autoren des 19. Jahrhunderts
Englischer Humor
(**4463**-1) Ausgewählt von D. Zimmer, 112 S., Pappband. ●

Spiele und Denksport

Neues Buch der siebzehn und vier Kartenspiele
(**0095**-2) Von K. Lichtwitz, 96 S., kart. ●

Alles über Pokern
Regeln und Tricks. (**2024**-4) Von C.D. Grupp, 112 S., 29 Kartenbilder, kart. ●

Rommé und Canasta
in allen Variationen. (**2025**-2) Von C.D. Grupp, 88 S., 24 Zeichnungen, kart. ●

Doppelkopf, Schafkopf, Binokel, Cego, Tarock und andere Stammtischspiele. (**2015**-5) Von C.D. Grupp, 112 S., kart. ●

Black Jack
Regeln und Strategien des Kasinospiels. (**2032**-3) Von K. Kelbratowski, 88 S., kart. ●

Spielend Skat lernen
unter freundlicher Mitarbeit des Deutschen Skatverbandes. (**2005**-8) Von Th. Krüger, 120 S., 181 s/w-Fotos, 22 Zeichn., kart. ●

Falken-Handbuch **Patiencen**
Die 111 interessantesten Auslagen (**4151**-9) Von U.v.Lyncker, 216 S., 108 Abbildungen, Pappband. ●●●

Patiencen
in Wort und Bild. (**2003**-1) Von I. Wolter-Rosendorf, 120 S., kart. ●

Neue Patiencen
(**2036**-8) Von H. Sosna, 160 S., 43 Farbtafeln, kart. ●●

Falken-Handbuch **Bridge**
Von den Grundregeln zum Turnierspiel (**4092**-X) Von W. Voigt und K. Ritz, 280 S., 792 Zeichnungen, gebunden. ●●●●

Spielend Bridge lernen
(**2012**-0) Von J. Weiss, 96 S., 58 Zeichnungen, kart. ●

Präzisions-Treff im Bridge
(**2037**-6) Von E. Jannersten, 152 S., kart. ●●

Spieltechnik im Bridge
(**2004**-X) Von V. Mollo und N. Gardener, deutsche Adaption Von D. Schröder, 152 S., kart. ●●●

Besser Bridge spielen
Reiztechnik, Spielverlauf und Gegenspiel. (**2026**-0) Von J. Weiss, 144 S., 60 Diagramme, kart. ●●

Kartentricks
(**2010**-4) Von T.A. Rosee, 80 S., 13 Zeichnungen, kart. ●

Neue Kartentricks
(**2027**-9) Von K. Pankow, 104 S., 20 Abb., kart. ●

Das japanische Brettspiel Go
(**2020**-1) Von W. Dörholt, 104 S., 182 Diagramme, kart. ●

Mah-Jongg
Das chinesische Glücks-, Kombinations- und Gesellschaftsspiel. (**2030**-9) Von U. Eschenbach, 80 S., 30 s/w-Fotos, 5 Zeichn., kart. ●

Backgammon
für Anfänger und Könner. (**2008**-2) Von G.W. Fink und G. Fuchs, 104 S., 41 Abb., kart. ●

Das Backgammon-Handbuch
(**4422**-4) Von E. Heyken, M.B. Fischer, 232 S., 400 Abbildungen, Pappband. ●●●●

Würfelspiele
für jung und alt. (**2007**-4) Von F. Pruss, 112 S., 21 s/w-Zeichnungen, kart. ●

Roulette richtig gespielt
Systemspiele, die Vermögen brachten (**0121**-5) Von M. Jung, 96 S., zahlreiche Tabellen, kart. ●

Gesellschaftsspiele
für drinnen und draußen. (**2006**-6) Von H. Görz, 112 S., kart. ●

Spiele für Party und Familie
(**2014**-7) Von Rudi Carrell, 80 S., 22 Zeichnungen kart. ●

Neue Spiele für ihre Party
(**2022**-8) Von G. Blechner, 112 S., 54 Zeichnungen, kart. ●

Lustige Tanzspiele und Scherztänze
für Partys und Feste. (**0165**-7) Von E. Bäulke, 80 S., 53 Abb. kart. ●

Das Spiel mit der Schwerkraft
Jonglieren
mit Bällen, Keulen, Ringen und Diabolo (**1009**-5) Von S. Peter, 80 S., 149 Farbfotos, kartoniert. ●●

Magische Zaubereien
(**0672**-1) Von W. Widenmann, 64 S., 31 Zeichnungen, kart. ●

Zaubertricks für Anfänger und Fortgeschrittene
(**0282**-3) Von J. Merlin, 160 S., 113 Abb., kart. ●●

Zaubern
einfach – aber verblüffend. (**2018**-X) Von D. Bouch, 84 S., 41 Zeichnungen, kart. ●

Scherzfragen, Drudel und Blödeleien
gesammelt von Kindern. (**0506**-7) Hrsg. von W. Pröve, 80 S., 57 Zeichnungen, kart. ●

Kinderspiele
die Spaß machen. (**2009**-0) Von H. Müller-Stein, 104 S., 28 Abb., kart. ●

Kinderspiele mit Buchstaben und Wörtern
(**1041**-9) Von Dr. U. Vohland, 96 S., 53 Zeichnungen, kartoniert. ●

Spiele für Kleinkinder
(**2011**-2) Von D. Kellermann, 80 S., 23 Abb., kart. ●

Spiel und Spaß am Krankenbett
für Kinder und die ganze Familie. (**2035**-X) Von H. Bücken, 96 S., 97 Zeichnungen, kart. ●

Spiele im Freien
(**2038**-4) Von G. Wagner, 88 S., 20 zweif. Zeichnungen, kartoniert. ●

Guten Tag, Kinder!
Neue Texte mit Spielanleitungen fürs Kasperletheater. (**0861**-9) Von U. Lietz, 96 S., 18 s/w-Zeichnungen, kart. ●

Kasperletheater
Spieltexte und Spielanleitungen · Basteltips für Theater und Puppen. (**0641**-1) Von U. Lietz, 114 S., 4 Farbtafeln, 12 s/w-Fotos, 39 Zeichnungen, kart. ●

Kindergeburtstage, die keiner vergißt
Planung, Gestaltung, Spielvorschläge. (**0698**-5) Von G. und G. Zimmermann, 104 S., 80 Vignetten, kart. ●

Kindergeburtstag
Vorbereitung, Spiel und Spaß. (**0287**-4) Von Dr. I. Obrig, 136 S., 40 Abb., 11 Zeichnungen, 9 Lieder mit Noten, kart. ●

Knobeleien und Denksport
(**2019**-8) Von K. Rechberger, 142 S., 105 Zeichnungen, kart. ●

Das Super-Kreuzwort-Rätsel-Lexikon
Über 150.000 Begriffe. (**4279**-5) Von H. Schiefelbein, 688 S., Pappband. ●●

Riesen-Kreuzwort-Rätsel-Lexikon
über 250.000 Begriffe. (**4197**-7) Von H. Schiefelbein, 1024 S., Pappband. ●●●

Computerbücher und Software

FALKEN Computer Lexikon
(**4185**-3) 312 S., 173 s/w-Fotos, Pbd. ●●●

Computer-Grundwissen
Eine Einführung in Funktion und Einsatzmöglichkeiten. (**4302**-3) Von W. Bauer, 176 Seiten, 193 Farb- und 12 s/w-Fotos, 37 Computergrafiken, kart. ●●● (4301) Pbd. ●●●●

Grundwissen Informationsverarbeitung
(**4314**-7) Von H. Schiro, 312 S., 59 s/w-Fotos, 133 s/w-Zeichnungen, Pappband. ●●●●●

Computergrafik
Von den Grundlagen bis zum perfekten 3 D-Programm. (**4319**-8) Von A. Brück, 296 S., 20 Farbtafeln, 180 s/w-Grafiken, 50 s/w- Zeichn., 83 Listings, Pappband. ●●●●●

Daten-Fernübertragung
Vom Akustikkoppler bis zum lokalen Netzwerk
(**4325**-2) Von P.C. den Heijer, R. Tolsma, ca. 288 S., zahlreiche Abb., kartoniert. ●●●●●

Microsoft Excel
Tabellenkalkulationen, Geschäftsgrafik und Datenbank im Selbststudium für alle Versionen bis 2.1. Mit Tutor-Diskette.
(**4333**-3) Von P. Vogel, M. Hofmann, 176 S., 112 zweifarbige Abb., kartoniert. ●●●●●

Microsoft Word
Textverarbeitung, MailMerge und Desktop Publishing im Selbststudium
Für alle Versionen bis 4.0
(**4328**-7) Von A. Görgens, 160 S., 120 Abbildungen, kart. ●●●●

dBASE III PLUS dBASE IV
Der einfache Weg zur individuell programmierten Datenbank
Mit Tutor-Diskette
(**4326**-0) Von P. Vogel, Th. Kregeloh, M. Hofmann, 272 S., 63 Abb., kart. ●●●●●

Open Access II
Textverarbeitung, Kalkulation und Datenverarbeitung im Selbststudium
(**4327**-9) Von A. Görgens, 184 S., 108 Abbildungen, kart. ●●●●

Desktop Publishing
Setzen und Drucken auf dem Schreibtisch.
(**4323**-6) Von A. Görgens, 120 S., 11 s/w-Fotos, 72 Zeichnungen, kart. ●●●

Garantiert BASIC lernen mit dem C 128
Mit kompletter Kurs-Diskette
(**4321**-X) Von A. Görgens, 288 S., 4 s/w-Fotos, 83 Zeichnungen, kart. ●●●●●

WordStar Praxis professionell
Für die Versionen 3.4/3.45/4.0
Erweiterungen · Praxis-Tips · Datenaustausch · Desktop Publishing. (**4324**-4) Von A. Görgens, 172 S., 2 s/w-Fotos, 2 s/w- Zeichnungen, 116 s/w-Grafiken, kart. ●●●●

Desktop Publishing: Typographie und Layout
Seiten gestalten am PC. Für Einsteiger und Profis
(**4330**-9) Von Dr. H. D. Baumann, M. Klein, ca. 280 S., zahlreiche zweifarbige Abb., Pappband. ●●●●●

Einführung in Pascal
Garantiert Pascal lernen durch schrittweise Erarbeitung
(**4329**-5) Von R. Röder, ca. 160 S., durchgehend zweifarbig, kartoniert. ●●●●

Heimcomputer-Bastelkiste
Messen, Steuern, Regeln mit C 64-, Apple II-. MSX-, TANDY-, MC-, Atari- und Sinclair-Computern. (**4309**-0) Von G.A. Karl, 256 S., 160 Zeichnungen, kart. ●●●●

Schach mit dem Computer
(**0747**-7) Von D. Frickenschmidt, 140 S., 112 Diagramme, 29 s/w-Fotos, 5 Zeichnungen, kart. ●●

Einstellungstests
Die optimale Vorbereitung für Bewerber
(**7013**-6) Wendediskette für C 64/C 128 PC, mit Begleitheft. ●●●●*

Ego-Tests
Sich und andere besser erkennen und verstehen
(**7012**-8) Diskette für IBM PC und kompatible (MS DOS), mit Begleitheft. ●●●●●*

Schnell und sicher zum
Führerschein
Intensivtraining mit dem amtlichen Fragenkatalog
(**7011**-X) Wendediskette für C 64/C 128 PC, mit Begleitheft und Fragenkatalog.
(**7024**-1) für Atari ST 520/1040, mit Begleitheft,
(**7029**-2) für Amiga, mit Begleitheft
●●●●●*

Maschinenschreiben
In 10 Tagen spielend gelernt
IBM PC und Kompatible
(**7008**-X) Disk. für C 64/C 128 PC, ●●●●*

Maschinenschreiben und Tastaturtraining für Computer
(**7009**-8) Von B. Hoppius, Diskette 5 1/4'' u. 3 1/2'' für IBM PC + Kompatible, mit Begleitheft. ●●●●●*

Das komplette Schachprogramm
(**7006**-3) Diskette für C 64/C 128 PC, mit Begleitheft ●●●●●*

Zug um Zug Schach für jedermann 1
Offizielle Schach-Lernsoftware des Deutschen Schachbundes zur Erringung des Bauerndiploms
(**7015**-2) Diskette für C 64/C 128 PC mit Begleitheft,
(**7005**-1) Diskette für Atari ST 520/1040, mit Begleitheft. ●●●●●*

TEXAD
Text- und Adressenverwaltung
Mit Musterbriefen und Formularen für den privaten und geschäftlichen Bereich
(**7017**-9) für IBM-PC und Kompatible, Disk. 5 1/4'', mit Begleitheft. Einführungspreis bis 11.10.90 **DM 198,–;** S 1980,–; Fr 193.30, danach **DM 258,–;** S 2580,–; Fr 251.70.
(**7048**-9) Diskette 3 1/2'', mit Handbuch. ●●●●●*
(**7049**-7) Demo-Version 5 1/4'', o. Handbuch. ●●*
(**7050**-0) Demo-Version 3 1/2'', o. Handbuch. ●●*

DOS-Tutor
DOS lernen, üben und beherrschen
(**7020**-9) Diskette 5 1/4'' für IBM PC + Kompatible, mit Begleitheft. ●●●●●*
(**7021**-7) Diskette 3 1/2'' für IBM PC + Kompatible, mit Begleitheft. ●●●●●*

Wirtschaftsrechnen in Beruf und Alltag
(**7037**-3) Diskette für IBM PC + Kompatible, mit Begleitheft. ●●●●●

Vokabeltrainer Englisch
Über 2000 Vokabeln und Redewendungen
(**7001**-2) 2 Disk. für C 64/C 128 PC, mit Begleitheft
(**7007**-1) Disk. für Atari ST 520/1040, mit Begleitheft. ●●●●●*

Take a Trip to Britain
Spielend Englisch lernen mit dem Computer
(**7004**-7) Diskette für C 64/C 128 PC, mit Begleitheft. ●●●●*
(**7039**-X) Diskette 5 1/4'' für IBM PC + Kompatible, mit Begleitheft. ●●●●●*

The Grammar Master
(**7002**-0) Diskette für C 64/C 128 PC, mit Begleitheft. ●●●●*
(**7030**-6) für IBM-PC + Kompatible, mit Begleitheft, ●●●●●*
(**7031**-4) für Atari ST 520/1040 mit Begleitheft, ●●●●●*
(**7032**-2) für Amiga, mit Begleitheft. ●●●●●*

Vokabeltrainer Französisch
Über 2000 Vokabeln und Redewendungen
(**7018**-7) Systemdisk. + Wendedisk. f. C 64/C 128 PC, mit Begleitheft, (**7019**-5) Disk. für IBM-PC und Kompatible, mit Begleitheft. ●●●●●*

Bon voyage
Spielend Französisch lernen mit dem Computer
(**7036**-5) Diskette für IBM PC + Kompatible, mit Begleitheft. ●●●●●*

Vokabeltrainer Latein
Über 2000 Vokabeln und Redewendungen frei erweiterbar
(**7022**-5) Von B. Hoppius, 2 Wendedisketten für C 64/C 128 PC, mit Begleitheft.
(**7033**-0) Diskette für IBM PC + Kompatible, mit Begleitheft. ●●●●●*

Börsenfieber
Spielend spekulieren mit Geld und Aktien
(**7016**-0) Für IBM-PC und Kompatible, Diskette 5 1/4'', mit Begleitheft.
(**7026**-8) für C 64/C 128 PC, mit Begleitheft,
(**7027**-6) für Atari ST 520/1040, mit Begleitheft,
(**7028**-4) für Amiga, mit Begleitheft. ●●●●●*
(**7044**-6) für IBM PC + Kompatible, Diskette 3 1/2'', mit Begleitheft. ●●●●●*
(**7038**-1) für C 64/128 C Kassette, mit Begleitheft. ●●●●*

Video

Kochschule mit Paul Bocuse
Der Meisterkoch verrät die Geheimnisse der französischen Küche
(**6016**-5) VHS, 60 Min., in Farbe, mit Begleitheft. ●●●●●*

Hobby Aquarellmalen
Landschaft und Stilleben
(**6022**-X) VHS, 40 Min., in Farbe, mit Begleitheft. ●●●●*

Hobby Ölmalerei
Landschaft und Stilleben
(**6025**-4) VHS, 40 Min., in Farbe, mit Begleitheft. ●●●●*

Perfekt Stricken
Neue Techniken Schritt für Schritt
(**6007**-6) VHS, 51 Min., in Farbe, mit Begleitheft. ●●●●*

Hobby Salzteig
Rezepte/Techniken/Modelle
(**6010**-6) VHS, 35 Min., in Farbe, mit Begleitheft. ●●●*

Basteln mit Kindern
(**6041**-6) VHS, 60 Min., in Farbe, mit Vorlagen in Originalgröße, mit Begleitheft. ●●●*

Die Modelleisenbahn
Anlagenbau in Modultechnik
(**6028**-9) VHS, 30 Min., in Farbe. ●●●●*

Karate
Einführung und Grundtechniken
(**6037**-8) VHS, 45 Min., in Farbe, mit Begleitheft. ●●●●*

Fit und Gesund
Körpertraining und Bodybuilding zu Hause
(**6013**-0) VHS, 30 Min., in Farbe, mit Begleitheft. ●●●●*

Pflanzenjournal
Blumen- und Pflanzenpflege im Jahreslauf
(**6036**-X) VHS, 30 Min., mit Begleitheft. ●●●●*

Schnitt und Pflege von Bäumen und Sträuchern
(**6050**-5) VHS, 45 Min., in Farbe, mit Begleitheft. ●●●●*

Aktfotografie
Gestaltung/Technik/Spezialeffekte
Interpretationen zu einem unerschöpflichen Thema
(**6001**-7) VHS, 60 Min., in Farbe, mit Begleitheft. ●●●●●*

Golf
(**6053**-X) VHS, 60 Min., in Farbe, mit Begleitheft. ●●●●●*

TELE-SKI
Skigymnastik perfekt
(**6052**-1) VHS, 60 Min., in Farbe, mit Begleitheft. ●●●●●*

Internationale Deutsche Rallye-Meisterschaft '89
(**6045**-8) VHS, 60 Min., in Farbe, mit Begleitheft. ●●●●*

Videografieren
Technik/Bildgestaltung/Schnitt/Vertonung
Filmen mit Video 8
(**6031**-9) VHS,
(**6033**-5) Beta, (**6034**-3) Video 8,
60 Min., in Farbe, mit Begleitheft. ●●●●●*

Videografieren perfekt
Profitricks für Aufnahmetechnik und Nachbearbeitung
(**6042**-4) VHS, (**6043**-2) Beta, (**6044**-4) Video 8, 60 Min., in Farbe, mit Begleitheft. ●●●●●*

Streicheleinheiten für Körper und Seele
Körper Massage
(**6051**-3) VHS, 45 Min., in Farbe, mit Begleitheft. ●●●●●*

Reiseziel **New York**
Die schönsten Sehenswürdigkeiten, präzise Informationen, praktische Tips
(**6048**-3) VHS, 60 Min., in Farbe, mit Begleitbroschüre. ●●●●●*

Reiseziel **Kalifornien**
San Franzisko und die schönsten Ziele in Kalifornien.
Präzise Informationen und praktische Tips
(**6049**-1) VHS, 60 Min., in Farbe, mit Begleitbroschüre. ●●●●●*

Reiseziel **Florida**
(**6054**-8) VHS, 60 Min., in Farbe, mit Begleitheft. ●●●●●*

Reiseziel **USA**
(**6055**-6) VHS, 60 Min., in Farbe, mit Begleitheft. ●●●●●*

Reiseziel **Irland**
(**6059**-9) VHS, 60 Min., in Farbe, mit Begleitheft. ●●●●●*

Reiseziel **DDR**
(**6061**-0) VHS, 60 Min., in Farbe, mit Begleitheft. ●●●●●*

Info-Tour USA
Die Highlights aus dem FALKEN Reiseprogramm
(**6060**--2) VHS, 30 Min., in Farbe, mit Begleitheft. ●

Gesund durch Gedankenenergie
Heilung im gemeinsamen Kraftfeld
(**6035**-1) VHS, 45 Min., in Farbe, mit Begleitheft. ●●●●●*

Körpersprache
verstehen und deuten
(**6046**-7) VHS, 60 Min., in Farbe, mit Begleitheft. ●●●●●*

Das erfolgreiche Vorstellungsgespräch
(**6047**-5) VHS, 60 Min., in Farbe, mit Begleitheft. ●●●●●*

Bestellschein

Erfüllungsort und Gerichtsstand für Vollkaufleute ist der jeweilige Sitz der Lieferfirma. Für alle übrigen Kunden gilt dieser Gerichtsstand für das Mahnverfahren. Falls durch besondere Umstände Preisänderungen notwendig werden, erfolgt Auftragserledigung zu dem bei der Lieferung gültigen Preis.

Ich bestelle hiermit aus dem Falken-Verlag GmbH, Postfach 11 20, D-6272 Niedernhausen/Ts., durch die Buchhandlung:

____

Ex. ______________________________

Ex. ______________________________

Ex. ______________________________

Ex. ______________________________

Name: ____________________ Datum: ____________________

Straße: ____________________

Ort: ____________________ Unterschrift: ____________________

Die hier vorgestellten Bücher, Videokassetten und Software sind in folgende Preisgruppen unterteilt:

● Preisgruppe bis DM 10,–/S 79,–/SFr.10
●● Preisgruppe über DM 10,– bis DM 20,– S 80,– bis S 160,– SFr. 10,– bis SFr. 20,–
●●● Preisgruppe über DM 20,– bis DM 30,– S 161,– bis S 240,– SFr. 20,– bis SFr. 29,–
●●●● Preisgruppe über DM 30,– bis DM 50,– S 241,– bis S 400,– SFr. 29,– bis SFr. 48,–
●●●●● Preisgruppe über DM 50,–/S 401,–/SFr.48,–
*(unverbindliche Preisempfehlung)

Die Preise entsprechen dem Status beim Druck dieses Verzeichnisses (s. Seite 1) – Änderungen, im besonderen der Preise, vorbehalten –